U0361440

企业创新方法实践

多种创新方法在制造业的
融合与应用

彭　凡　罗永建　鲁　云　徐　峰　郭小利

王立苍　胡进林　李　龙　李　阳　李文辉　著

唐钟雪　彭志诚　韩　博　马文治

机械工业出版社
CHINA MACHINE PRESS

本书重点介绍了共享集团最近这十余年的创新发展历程。通过创新方法在整个集团的实践，共享集团取得了卓越的成效，其中的理念和实践均具有很强的借鉴作用。

共享集团以数字化管理为基础，不断学习世界先进的管理理论及创新方法，创新性地将这些创新方法及管理理论，与信息技术、数字技术深度融合，开发出专项管理软件、系统工具，并在实践应用中取得了良好的效果。本书以共享集团下属公司——共享铸钢有限公司为例，分别针对研发设计、生产、质量、人力资源、绩效等企业重要管理方面，从回顾企业在各项管理中的痛点出发，进一步介绍如何利用创新方法及相应的数字化管理系统解决这些痛点，从而提高企业的创新能力，增强企业的盈利能力，实现企业的可持续发展。

本书适合制造业企业高级和中级管理人员、技术人员阅读使用，也适合作为创新管理和创新方法应用方面的培训用书。

图书在版编目（CIP）数据

企业创新方法实践：多种创新方法在制造业的融合与应用/彭凡等著.—北京：机械工业出版社，2018.11

ISBN 978-7-111-61115-8

Ⅰ. ①企…　Ⅱ. ①彭…　Ⅲ. ①制造工业—工业企业管理—企业创新—研究—中国　Ⅳ. ①F426.4

中国版本图书馆 CIP 数据核字（2018）第 234399 号

机械工业出版社（北京市百万庄大街 22 号　邮政编码 100037）
策划编辑：李万宇　责任编辑：李万宇
责任校对：王　欣　封面设计：鞠　杨
责任印制：常天培
北京圣夫亚美印刷有限公司印刷
2019 年 1 月第 1 版第 1 次印刷
169mm×239mm · 13.5 印张 · 1 插页 · 177 千字
标准书号：ISBN 978-7-111-61115-8
定价：58.00 元

共享集团——一个承继铸造6000多年发展史的传统铸造企业,一个从20世纪60年代发展起来的铸造老厂,在信息化快速发展的大时代背景下,不断创新,革新颠覆,走出了一条自己的创新之路。

正如2016年2月2日,中共中央政治局常委、国务院总理李克强来到宁夏共享集团,考察大企业新旧动能转换和创新发展等情况时称赞的那样:从"傻大黑粗"变成了"窈窕淑女",展示了"中国制造2025+互联网"的融合。李克强总理说道:"刚才我们看的是'傻大黑粗',现在是'窈窕淑女'了,彻底改变了原来的形象了。我们不能再走'傻大黑粗'的路了。要适应市场的需求,市场要的是灵巧、精细、实用。所以,你是再造了传统的制造业。你通过颠覆性的改造,通过你思想的开放、眼界的开阔,看起来是瞬时间的转变,但是如果没有这个基础,也捅不破这层窗户纸。这层窗户纸捅破了,你整个企业就浴火重生。这是一个艰辛的过程,困难的过程,但是成功是非常令人欣喜的。"

总理的夸赞突出了共享集团创新转变的艰辛过程。2012年,共享集团提出了"**数字化(智能化)引领、创新驱动、绿色制造、效率倍增**"的转型升级方针，确定了用数字化、智能化的经营创新理念来驱动企业转型发展，力争 5～10 年，实现从传统制造企业向"技术创新型企业"和"数字化企业"的转变。

本书重点介绍了共享集团最近这十余年的创新发展历程。共享集团以数字化管理为基础，不断学习世界先进的管理理论及创新方法，并创新性地将这些创新方法及管理理论，与信息技术、数字技术深度融合，开发出专项管理软件和系统工具，在实践应用中取得了良好的效果。本书将以共享集团下属公司——共享铸钢有限公司为例，分别针对研发设计、生产、质量、人力资源、绩效等企业重要管理方面，从回顾企业在各项管理中的痛点出发，融合应用对于多种创新方法的所思、所想、所实践，在各项管理系统的建设、应用过程中，做出了下面所述的一些成果。

首先，在创新方法应用的基础数据系统平台建设方面，提出了可供借鉴的实施方案："基础数据系统、运行流程系统、统计分析系统" + "绩效量化应用系统"的"3 + 1"数字系统策划模式。通过各类管理工作软件化、数字化，搭建起工业企业大数据分类、收集、分析、应用系统，为 LEAN、TOC、6σ、TRIZ、海因里希法则、阿米巴经营模式等创新方法和理论提供了融合应用平台。

在铸件产品研发设计环节，传统制造企业经常发生老的人员设计质量远远优于年轻徒弟、新进设计工程师成长缓慢、有经验的人员离职等带来的重大质量、成本波动。究其原因，是生产过程中的数据没有及时总结为知识，知识的载体是人而非数字化系统、软件程序！这就需要建设有科学理论基础的设计系统，在本书中你可以看到 6σ（DMADV）创新方法融入了全流程虚拟制造系统，很好地解决了以上的常见问题。

　　针对生产管理中存在的生产周期长、交货及时率低、库存大等突出问题，在研究 TOC（约束理论）、精益价值流、现场精益 6S 管理方法的基础上，结合高速路与普通公路对比分析，创新性地提出了"高速路生产模式及系统""外科手术室式"精益 6S 管理方式，大幅度地提高了生产管理效率：平均生产周期下降 32%、交货及时率由原来的 67% 提升到 96%！

　　"海因里希法则"也称"事故法则"，它的另一个名字是"1：29：300法则"，现如今，扩展到了"1：29：300：3000：30000"。此法则在信息技术、数字技术高速发展的今天，得到了更大范围的应用，包括为工业大数据应用建立预测模型。本书在人力资源、质量管理方面提出了海因里希法则的应用案例，打破了传统管理中的问题导向式的纠正管理模式，转变为风险管控式的预防管理新模式。

　　"阿米巴经营模式"是素有日本经营之圣之称的京瓷创始人稻盛和夫独创的小集体独立核算管理方式，在激发全员主动精神、推动全员参与企业经营管理、高效应对市场变化、提升企业经营效率方面发挥了积极作用。本书在结合阿米巴经营理念的研究基础上，介绍了创新建设"共享经营体"管理模式，并建立"经营体管理系统"，让每个经营体经理知晓月预算，每日掌控支出，做到"算着干"；建立员工贡献率的绩效量化评价系统，做到按照所创造的价值获得收益，极大地调动了全员的积极性，取得了很好的经营成果。

　　本书的突出亮点在于，对于深奥的创新理论知识，取其精华与企业的数字化相融合，并实现了有机结合，这对离散型制造企业的管理有很强借鉴作用。本书的不足之处在于，作者团队人员均为企业经营管理人员，而非专业写作人员，可能在章节架构及细节转换处略有瑕疵，敬请见谅。

在此感谢徐峰、鲁云、李龙、郭小利、胡进林、王立苍、李阳、唐钟雪、李文辉、彭志诚、马文治、韩博等人的辛勤工作，他们历时一年半的时间，在不断学习的基础上，结合本职业务，策划并建设起了融入创新方法的数字化系统。

彭　凡　罗永建

共享集团简介

共享集团股份有限公司（简称共享集团，英文缩写为 KOCEL）始建于 1966 年。经过 52 年的发展，通过体制、技术、管理等方面不断创新，已经成为跨行业、跨地区、多元化发展的企业集团。共享集团主要控股共享装备股份有限公司。

共享装备股份有限公司先后投资组建了共享智能铸造产业创新中心、共享铸钢有限公司、四川共享铸造有限公司、共享模具有限公司、共享精密加工有限公司、共享智能机器（苏州）有限公司、共享机床辅机有限公司、共享化工有限公司、共享生物化工有限公司、共享钢构有限责任公司、共享商务有限公司、共享能源有限公司、共享（香港）有限公司等十余家子公司。

共享装备股份有限公司的主导产业为铸造（铸铁、铸钢等）、机械制造（智能机器、模具、精密加工、机床辅机等）、化工（糠醛、糠醇、树脂、固化剂、涂料等）、钢结构等，提供相关产品及全套解决方案。

共享装备股份有限公司拥有融合中西方理念的特色企业文化、超前的战略规划、良好的市场信誉、长期的国际合作经验和覆盖全球的市场营销网络，秉承"推进顾客成功"的理念，致力于"引领行业进步，创造更好未来"。

共享装备股份有限公司拥有"三洲一国"（亚洲、欧洲、美洲、中国）的全球市场，50%以上产品销往亚洲、欧洲、美洲的十多个发达国家和地区的50余家著名企业，其中80%以上的客户是世界500强企业或行业领先者。公司拥有20余年的国际贸易经验，并在中国天津、日本、美国、欧洲等地设有顾客沟通服务、市场开发机构。

共享装备股份有限公司秉承专业、协同、共享、共赢的发展理念，集众智、汇众力，搭建开放、共享、线上线下相结合的行业平台，构筑"互联网+双创+绿色智能铸造"的产业生态；以绿色智能铸造为主攻方向，建立关键共性技术研发、成果转移转化、产业化应用示范的运行机制，持续为铸造行业提供创新发展活力，促进产业转型升级，引领我国铸造由"铸造大国"迈向"铸造强国"。

共享铸钢有限公司

共享铸钢有限公司（简称共享铸钢，英文缩写为KSF）是2004年5月筹建、2006年5月9日正式建成投产的大型铸钢件制造企业，隶属于共享集团股份有限公司，地处银川市国家级经济技术开发区，目前铸造生产能力为15000吨/年，可生产最大铸件单重150吨。

共享铸钢有限公司的主要产品有发电设备类铸件、矿山机械铸件、船用铸件等。公司客户覆盖"三洲一国"——亚洲、欧洲、美洲、中国，主要顾客有美国通用电气、美卓矿机、德国西门子、法国阿尔斯通、丹麦福勒史密斯、日本日立、日本三菱重工、日本东芝、哈尔滨汽轮机厂、东方汽轮机厂、上海汽轮机厂和东方电机有限公司等国内外知名的大企业。

依托于共享集团国家级企业技术中心，共享铸钢有限公司配备有MAG-

MA 软件、大型真空精炼炉、激光跟踪仪、快速光谱分析仪等行业领先的软硬件装备。共享铸钢有限公司注重"产、学、研、企"合作，与清华大学、中科院金属研究所以及德国 Siemens 公司、美国 GE 公司等都开展了各方面的合作。目前，共享铸钢有限公司大型燃气轮机铸钢件、水轮机叶片铸造技术世界一流，生产规模世界第一；超（超）临界蒸汽轮机铸钢件、100 万千瓦核电铸件制造技术世界一流。

近年来，共享铸钢有限公司在技术创新方面取得了丰硕成果：先后主持国家国际科技合作计划、国家火炬计划各 1 项；主持国家重点新产品计划 3 项；参与国家创新方法计划 2 项；获得国家科技进步二等奖 2 项，自治区科技进步一等奖 1 项、三等奖 3 项，银川市科技创新一等奖 1 项、二等奖 1 项，银川市科技创新特别奖 1 项。截至 2017 年年底，已申请并受理专利 291 项，获得授权专利 104 项，其中发明专利 63 项。在创新成果方面，拥有自治区科学技术成果 19 项，银川市科技成果 2 项。此外，公司连续获得了第九届至第十二届中国国际铸造、锻压及工业炉展览会"优质铸件金奖"；并先后获得美国 GE 公司、德国 Siemens 公司、阿尔斯通水电设备（中国）有限公司等供应商颁发的优质供应商证书。

共享铸钢有限公司于 2011 年被认定为"高新技术企业"（2017 年复审通过），并先后荣获"国家火炬计划重点高新技术企业""国家创新型试点企业""中国绿色铸造示范企业"以及"中国铸造行业排头兵企业"等荣誉称号。

目　录

引言：何为创新，为何创新

"创新"一词，最早是由美籍奥地利经济学家约瑟夫·熊彼特于1912年在其《经济发展理论》一书中提出的。熊彼特认为，创新就是建立一种新的生产函数，也就是说，把一种从来没有过的关于生产要素和生产条件的"新组合"引入生产体系。这种新组合包括以下5种情况：

1）采用一种新产品或一种产品的新特征；

2）采用一种新的生产方法；

3）开辟一个新市场；

4）掠取或控制原材料或半制成品的一种新的供应来源；

5）实现任何一种工业的新的组织。

因此"创新"不是一个技术概念，而是一个经济概念：它严格区别于技术发明，是把现成的技术革新引入经济组织，形成新的经济能力。

目前，关于"创新"，最为公知和最基本的定义是指"以现有的思维模式提出有别于常规或常人思路的见解为导向，利用现有的知识和物质，在特定的环境中，本着理想化需要或为满足社会需求，而改进或创造新的事物、方法、元素、路径、环境，并能获得一定有益效果的行为"。纵观当代企业，唯有不断创新，才能在竞争中处于主动，立于不败之地。许多企业之所以失败，就是因为它们未能真正做到这一点。创新是带有氧气的新鲜血液，是企业的生命。

对于一个企业而言，创新可以包括很多方面：科技创新，体制创新，思想创新等。简单来说，科技创新可以优化产品设计，提升产品质量，提高生产效率，降低生产成本；体制创新可以使企业的日常运作更有秩序，更加快捷，效率更高，同时也可以摆脱一些旧体制的弊端，如过多层级制度带来的信息传递不畅通；思想创新也是相对比较重要的一个方面，领导者的思想创新能够保障企业沿着正确的方向持续发展，员工的思想创新可以增强企业的凝聚力，发挥员工的创造性，为企业带来更大的效益。

2016年7月，国务院发布了"十三五"国家科技创新规划。规划中要求：坚持创新、协调、绿色、开放、共享的发展理念，坚持自主创新、重点跨越、支撑发展、引领未来的指导方针，坚持创新是引领发展的第一动力，把创新摆在国家发展全局的核心位置，以深入实施创新驱动发展战略、支撑供给侧结构性改革为主线，全面深化科技体制改革，大力推进以科技创新为核心的全面创新，着力增强自主创新能力，着力建设创新型人才队伍，着力扩大科技开放合作，着力推进大众创业万众创新，塑造更多依靠创新驱动、更多发挥先发优势的引领型发展，确保如期进入创新型国家行列，为建成世界科技强国奠定坚实基础，为实现"两个一百年"的奋斗目标和中华民族伟大复兴的中国梦提供强大动力。

另外，规划中也多次提到要培养创新人才、提高企业创新能力，而创新方法的引入、培训及应用推广无疑是实现这些目标的重要手段之一。"自主创新，方法先行"，创新方法是自主创新的根本之源。

第1章

创新方法概述

彭　凡　罗永建　鲁　云　李　阳

创新是一个民族进步的灵魂，一个国家发展的不竭动力。"创新驱动，方法先行"，好的创新方法可以大幅度地加快创新的速度。六西格玛、TRIZ、精益、TOC、阿米巴，这些在技术和管理创新领域最常用的创新方法，多年来为企业创造了巨大的效益。在企业应用过程中，单一方法的局限性逐渐显现，多种创新方法在企业的融合应用已经非常有必要了。

1.1 创新方法的重要作用和类别

1.1.1 创新方法的发展历程和重要作用

创新方法是人们在创造发明、科学研究或创造性解决问题的实践活动中所采用的有效方法和程序的总称。从更加宏观的角度来讲，创新方法是科学思维、科学方法和科学工具的总称。创新方法的根本作用在于根据一定的科学规律，启发人们的创造性思维，提升人们的创新效率。创新方法不仅是解决发明创造问题强有力的理论工具，还是加快创新进程、缩短产品研发时间、提高生产效率、提升产品品质、减少创新成本的有效手段。

开展创新方法研究与应用较早的几个主要国家，对于创新方法的称谓各不相同。创新方法在美国被称为"创造工程"，在苏联被称为"发明技法"，在日本则被称为"创造工法"。美国是世界上最早开展创新方法研究的国家。早在1870年，美国学者奥尔顿在著作《遗传的天才》一书中，使用大量案例对数以千计杰出人物的家族谱系进行了分析，得出了"人的创造能力源于遗传"的结论。虽然这样的观点并不被广泛认同，但是奥尔顿运用典型案例进行分析的方法一直被后人沿用至今，这也通常被认为是创新方法正式诞生的标志。

20世纪初，美国专利审查员普林德尔在长期审查专利的过程中，注意到一些发明家具有独特的"创意的技巧"，他将这些技巧总结提炼后，于1906年向美国电气工程师协会提交了论文《发明的艺术》，用实例说明了发明创意的技巧，而且建议开展这方面的训练，以提高创新能力。1931年，美国内布拉斯加大学的克劳福德教授发表了《创造思维的技术》一文，首创了"特性列举法"，后来这种方法被不断完善并作为一门课程在大学讲授，让更多的学生能够在课堂上获得创新方法、思维方面的知识。1936 年，美国通用电气公司的史蒂文森在企业内部开设了创造工程课程，要求只有经过创造工程教育训练后的职工才能安排工作，这是企业在创新能力开发方面的尝试，对通用电气公司的快速发展壮大，发挥了重要的作用。

创新方法经过 70 多年的发展一直不温不火，直到 20 世纪 40 年代，美国 BBDO 广告公司创始人奥斯本，在其 1941 年出版的著作《思考的方法》中，提出了智力激励法，从而开启了创新方法全面研究工作的大幕。智力激励法，又称为头脑风暴法，是世界上传播最早的，也是应用最广泛、最基本的创新方法，现已形成了一个创新方法群，如奥斯本智力激励法、默写式智力激励法（635 法）、卡片式智力激励法等。奥斯本也由此被认为是创造学的奠基人，被称为"美国创新技法和创新过程之父"。

苏联的创新方法研究始于 1946 年，苏联发明家阿奇舒勒利用其海军专利局专利调查员的身份，对成千上万份专利文件进行研究，发现了技术方案中存在的一些共性规律，由此提出了解决发明问题的理论，这就是 TRIZ 的原始基础。在随后的几十年间，阿奇舒勒又分析了约 20 万项专利，不断地总结提炼出了一批适用性和实用性较强的创新方法，然后制定了《发明课题程序大纲》《标准解法表》《40 个发明原理》等，形成了具有自己特色的创新方法体系，这就是 TRIZ 理论。

TRIZ 理论在群众性的发明创造基础上，不断得到开发和完善。苏联把注重国民创造力的开发载入宪法，并在大学开设了"科学研究原理""技术创造原理"等课程，以通过系统的学习，提高学生的创新能力。从 20 世纪 60 年代末开始，苏联建立了各种形式的创造发明学校，成立了全国性和地方性的发明家组织，以 TRIZ 为主的创新方法在全国各地得到了广泛的发展和应用。

20 世纪 90 年代初期，TRIZ 理论传入欧美国家。在美国、英国、瑞士、日本、德国、法国、波兰等许多国家都陆续建立了基于 TRIZ 的创造学研究中心和创新研究基金会，为世界各国的技术革新发挥了重要作用。

日本对创新方法的研究也起步较早。1944 年，东京大学的市川龟久弥教授发表了论文《独创性研究的方法论》，而其主编的《创造工程》一书则是日本学者在创新方法研究方面最早的著作。自 1955 年以来，美国创新方法研究的相关成果陆续传到了日本，受到了日本社会的广泛欢迎，得到了快速的发展。这一时期，日本的创新方法研究学者也开发了很多具有日本特色的创造技法。比较有代表性的有卡片整理法（KJ 法）和中山正和法（NM 法）。KJ 法由日本筑波大学川喜田二郎教授于 1965 年提出，是其在多年的野外考察中总结出的一套方法，简单讲就是把乍一眼看上去根本不想收集的大量事实如实地收集起来，通过对这些事实进行有机地组合和归纳，从而发现问题的全貌，建立解决方案的假说。NM 法是日本创造工程研究所所长中山正和于 1968 年提出的，它强调先依据直觉判断目标问题能否解决，若可以解决，则设立基于直觉的解决方案的假说，然后进行调查、分析，找出假说和分析结果的矛盾，再针对分析结果解决问题。

此外，日本的创新方法还有日本广播公司中央研究所高桥浩提出的睡眠法，片山善治提出的 ZK 法，以及基于美国奥斯本智力激励法的日本创造开发研究所所长高桥诚开发的 CBS 法、日本广播电台开发的 NBS 法和日本三菱树脂公司开发的 MBS 法。与此同时，自 1959 年开始，日本开始在大学里设置创新能力训练课程，并于 1979 年成立了"日本创造学会"，同时各县都建立了"星期日发明学校"，讲授创新方法和专利知识，这些举措让创新方法在日本各地得以迅速发展。

总体来说，日本在创新方法研究方面的特点是十分细致、具体和实用。而且经过多年来不断地发展，日本的创新方法研究已经形成了自己的一套理论体系，并为社会所广泛接受，在日本各行各业得到了广泛的应用，对国家经济发展产生了巨大的推动作用，在周边国家也产生了很大的影响。

　　另外，西欧的英国、法国、德国、瑞士等国家自 20 世纪 40 年代开始，也陆续开展了一些创新方法研究及应用工作。伴随着第二次世界大战后欧洲经济的复兴和科学技术的突飞猛进，人们从过去无意识的创新中走了出来，不断去系统地总结创新活动的规律，先后提出了形态分析法、提喻法、思维导图法、六顶思考帽法等多种创新方法。这些方法自提出后大多得到了非常广泛的应用，在提升人们的创新效率方面发挥了重要作用。

　　近些年来，部分发达国家已经陆续建成了十几个创造学研究中心；很多大学和研究所也都设立了专门的创造学研究机构；在美国几乎所有大学都开设了有关创新方法训练的课程，专门讲授各种创新方法，并同专业课相结合，进行创新方法训练，提升学生创新能力和效率，促进专业课的更好学习。除此之外，这些发达国家的企业在创新方法培训方面也有很大的发展，继通用电气公司之后，IBM 公司、通用汽车公司、西门子公司、三星公司等企业均设立了各具特色的创新方法培训部门，专门用于培养员工的创新能力，从而保证企业一直具有旺盛的创新动力，这也是这些公司长盛不衰的其中一个重要原因。

1.1.2　创新方法的分类

　　自从 1941 年，奥斯本提出了世界第一个创新发明技法"智力激励法"之后，世界各国涌现出的有案可查的各类创新方法超过了 1000 种，其中常用的有几十种。

　　在创新方法分类研究方面，结合国际上不同的理念，国内出现了各种不同的分类方法。刘仲林在其著作《美与创造》中把创新方法划分为四大类，即联想系列方法、类比系列方法、组合系列方法和臻美系列方法；庄寿强在《创造学基础》一书中按照创新原理，将通用的创新方法分为问题引导型、矛盾转化型、系统分析型、系统综合型、交流激励型和最优选择型六种；胡伦贵等在《人的终极能量开发》一书中，按创新思维方式，把创新思维方法归纳为三类，即发散思维法、聚合思维法和想象思维法；刘国新等在《企业分布式创新的机理及效应》一书中将技术创新方法归纳为基于创造学的技术创新方法、基于用户需求的技术创新方法、基于新产品开发的技术创新方法、基于产品和技术管理的技术创新方法和基于创新规律的技术创新方法五类。

　　对于制造企业最为关注的产品创新方面，目前比较系统的对其创新思维和创新方法的分类如图 1-1 所示。

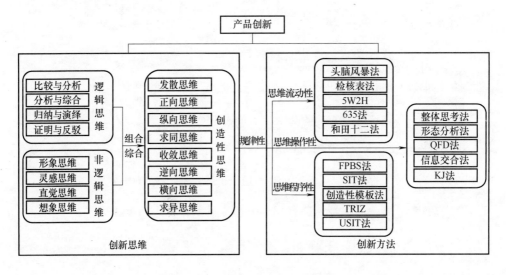

图 1-1　产品创新思维与方法分类

　　可以看到，图 1-1 涵盖了目前企业中常用的十几种关于产品创新的创新方法，但主要还是集中在产品研发阶段。在制造企业竞争日渐激烈的今天，从产品研发、生产制造到质量控制、成本节约，乃至企业经营，整个全流程形成了一个企业的创新链，都需要相应的方法来持续改进。基于此，本书围绕创新链，从主导方法、辅助方法两个维度，选取了目前最常用的技术和管理创新方法进行了分类，如图 1-2 所示。企业以创新链为依托，两种、多种创新方法进行融合、再创新。六西格玛方法 + TRIZ 理论、精益管理 + TOC 理论、TRIZ 理论 + 精益管理、六西格玛方法 + TRIZ 理论 + 精益管理等，融合性创新理论体系正在逐步形成并完善，这些创新方法在一定程度上弥补了单一创新方法在整个创新链实施过程中的不足，不同过程的方法选用呈现多元化。

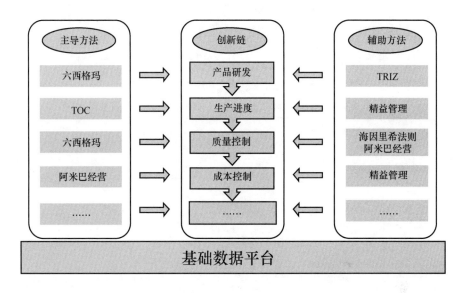

图 1-2　制造企业创新链与创新方法分类

1.2　实用创新方法剖析

1.2.1　六西格玛管理方法

六西格玛（Six Sigma，6σ）是 20 世纪 80 年代由摩托罗拉公司率先提出的概念和相应的管理体系，并全力应用到摩托罗拉公司的各个方面。六西格玛作为品质管理概念，最早是由摩托罗拉公司的比尔·史密斯于 1986 年提出，其目的是设计一个目标，用来在生产过程中降低产品及流程的缺陷次数，防止产品变异，提升品质。从开始实施的 1986 年到 1999 年，摩托罗拉公司平均每年提高生产率12.3%，不良率只有以前的1/20。

在20世纪90年代中期，六西格玛被通用电气公司从一种全面质量管理方法演变成为一个高度有效的企业流程设计、改善和优化的技术，并开发出了一系列同样适用于设计、生产和服务的新产品开发工具。继而六西格玛管理方法与通用电气公司的全球化、服务化、电子商务等战略齐头并进，成为世界上追求管理卓越性的企业最为重要的战略举措。六西格玛管理方法已逐步发展成为以顾客为主体来确定企业战略目标和进行产品开发的标准化方法，成为一种追求持续进步的管理哲学。

1.2.2　TRIZ 理论

诞生于1946年的TRIZ理论（发明问题解决理论），其主要目的是研究人类进行发明创造、解决技术难题过程中所遵循的科学原理和法则，归纳总结形成能指导实际新产品开发的理论方法体系，运用这一理论，可大大加快人们创造发明的进程并且能得到高质量的创新产品。

TRIZ理论包含了一系列的工具，不仅有基于浓缩的科学知识的应用工具，而且有用于指导创新的工具，这些工具既可以单独使用也能组合一起使用。

在国科发财〔2008〕197号文件《关于加强创新方法工作的若干意见》中要求，推进创新方法工作的重点是面向企业、科研机构、教育系统三个群体，主要内容是科学思维、科学方法、科学工具三个方面。文件要求，推进TRIZ等国际先进技术创新方法与中国本土需求融合；推广技术成熟度预测、技术进化模式与路线、冲突解决原理、效应及标准解等TRIZ中成熟方法在企业的应用；加强技术创新方法知识库建设，研究开发出适应中国企业技术创新发展的理论体系、软件工具和平台。

目前，TRIZ理论已经在GE公司、西门子公司、宝洁公司、Intel公司、三星公司等世界五百强企业得到了应用，并取得了丰硕成果。在国内，在科技部等相关部门的大力推动和支持之下，国内企事业单位和科研院所在 TRIZ 理论等创新方法研究及推广应用方面开展了大量工作，已累计投入资金超过 4 亿元，在我国各个省（区、市）近 500 家企业试点推广应用，取得了显著的经济和社会效益。据不完全统计，已为企业解决技术难题近 5000 项，产生的经济效益约 10 亿元。

1.2.3 精益管理

精益管理源自于精益生产（Lean Production），是衍生自丰田生产方式的一种管理哲学。经过几十年的发展，精益管理已经由最初的在生产系统的管理成功的实践，逐步延伸到企业的各项管理业务，也由最初的具体业务管理方法，上升为战略管理理念。它能够通过提高顾客满意度、降低成本、提高质量、加快流程速度和改善资本投入，实现价值最大化。

中国企业历来重视借鉴外部的先进经验和管理方法，越来越多的企业已经认识精益是解决现存生产管理问题的最佳方法。自 20 世纪 80 年代以来，很多大型企业就开始导入丰田生产体系（TPS）等一系列外部方法，其中部分也取得了成功。目前，核心精益思想已经不仅仅局限于制造业，而是作为一种先进的管理理念传播到了各个行业，如建筑行业、服务行业、运输行业、医疗行业、通信行业等，这些应用使得精益的内涵更加广泛。

精益的理论和方法是随着社会的进步、科学技术的发展和环境的变化而不断发展变化的。随着对精益管理研究的不断深入和理论的广泛传播，出现了越来越多的新理论、新方法，如大规模定制（Mass Customization）与精益生产的结合、单元生产（Cell Production）、JIT2、7S 的新发展、TPS 的新发展等，都在很多企业得到了不同程度的应用，为企业生产经营发挥了重要的作用。

1.2.4　TOC 理论

约束理论（Theory of Constraint，TOC）是以色列物理学家戈德拉特博士（Dr. Eliyahu M. Goldratt）在他的优化生产技术（Optimized Production Technology，OPT）的基础上发展起来的。

TOC 理论是关于进行改进和如何最好地实施这些改进的一套管理理念和管理原则，可以帮助企业识别出在实现目标的过程中存在着哪些制约因素，并进一步指出如何实施必要的改进以消除这些约束，从而更有效地实现企业目标。

同时，TOC 理论运作管理模式也是对 JIT 及 MRPII 在方法与管理哲学上的进一步延伸。随着对 TOC 研究的不断深入与发展，其研究范围已从最早的生产管理拓展到了管理科学领域的诸多方面。

TOC 理论强调的是从整体效益出发来考虑与处理问题，这一管理理念已被应用到物流企业与汽车制造企业以解决供应链协作、零件供应管理和复杂产品的生产管理等问题。集中力量来应用 TOC，能够快速识别与消除制约相互协作的瓶颈因素，达到有效产出增加、减少库存与运营费用，从而提高客户满意度的目的。

1.2.5　海因里希法则

海因里希法则（Heinrich's Law）又称为"海因里希安全法则""海因里希事故法则"，是美国著名安全工程师海因里希提出的 300∶29∶1 法则。海因里希通过分析工伤事故的发生概率，为保险公司的经营提出了这一法则。这一法则完全可以用于企业的安全管理上，即在一件重大事故背后必有 29 件轻度的事故，还有 300 件潜在隐患。了解海因里希法则的目的，是通过对事故成因的分析，让人们少走弯路，把事故消灭在萌芽状态。

对于不同的生产过程，不同类型的事故，上述比例关系不一定完全相同，但这个统计规律说明了在进行同一项活动中，无数次意外事件，必然导致重大伤亡事故的发生。而要防止重大事故的发生，必须减少和消除无伤害事故，要重视事故的苗头和未遂事故，否则终会酿成大祸。例如，曾有记录，某机械师企图用手把皮带挂到正在旋转的皮带轮上，因未使用拨皮带的杆，且站在摇晃的梯板上，又穿了一件宽大长袖的工作服，结果被皮带轮绞入碾死。事故调查结果表明，他使用这种上皮带的方法已有数年之久，而且查阅治疗日志，发现他有 33 次手臂擦伤后治疗处理的记录，他手下工人均佩服他手段高明，但结果还是出现意外事故，导致死亡。这一事例说明，重伤和死亡事故虽有偶然性，但是不安全因素或动作在事故发生之前就已经暴露过许多次。如果在事故发生之前，抓住时机，及时消除不安全因素，许多重大伤亡事故是完全可以避免的。这一理念在质量管理领域也是同样适用的。

1.2.6 阿米巴经营模式

"阿米巴"（Amoeba）在拉丁语中是指单个原生体，属原生动物变形虫科，虫体赤裸、柔软，可以向各个方向伸出伪足，其形体变化不定，故得名"变形虫"。变形虫最大的特性是能够随外界环境的变化而变化，不断地进行个体调整来适应所面临的生存环境。

1959 年，后来被誉为日本"经营之圣"的稻盛和夫成立了京瓷公司。在 20 世纪 90 年代末期，亚洲金融风暴过后，日本很多大公司都出现了问题，而原本名不见经传的京瓷公司成了东京证券交易所市值最高的公司。京瓷公司经历了 4 次全球性的经济危机都屹立不倒、持续发展。专家学者们纷纷开始研究京瓷公司，发现京瓷的经营方式与"阿米巴虫"的群体行为方式非常类似，于是得名为"阿米巴经营"。

在阿米巴经营模式下，企业组织随着外部环境变化而不断"变形"，调整到最佳状态，即成为能适应市场变化的灵活组织。阿米巴经营以各个阿米巴的领导为核心，让其自行制定各自的计划，并依靠全体成员的智慧和努力来完成目标。通过这样一种做法，让第一线的每一位员工都能成为主角，主动参与经营，实现"全员参与经营"。

1.3 我国企业创新方法应用现状——以共享铸钢为例

1.3.1 共享铸钢创新方法工作开展具备的基础

作为国家创新型试点企业，共享铸钢充分吸收先进制造和管理理念，通过数字化管理手段的应用，总结并实施了富有企业特色的"五有"创新管理模式：有创新的思想、有创新的计划、有创新的制度、有创新的方法、有创新的人才。

有创新的思想：思想创新是一切创新的基础，没有思想的解放、思想的创新，就没有有效的创新。公司将创新思想写入了企业文化，并持续宣导，营造出了良好的企业创新环境氛围。

有创新的计划：公司制定有创新五年发展规划，并将每年的创新工作以"年度创新重点工作计划"和"创新指标"的形式纳入公司年度经营计划，下发各子公司执行。日常实行月度分解指标、月度分解计划、月例会管理和月度检查评价，确保年度计划和指标完成。

有创新的制度：公司建立健全了完善的创新管理体系和管理制度文件，包括一套《创新管理体系手册》和项目、专利、成果、新产品以及科技奖励等13项创新管理制度，并以制度为依据，配套建立了创新管理数字化平台，确保了创新管理制度的有效执行。特别是公司实行大力度的奖励机制，每年对科技人员、科技成果进行奖励，长期坚持，使得企业科技人员创新的积极性持续高涨，创新成果源源不断。

有创新的方法：公司推行基于六西格玛管理方法的顾客成功项目（Customer Success Project，CSP）管理模式，通过定义、测量、分析、改进、控制和创新六个步骤的实施，运用跨部门的无边界团队合作模式，并应用六西格玛等基本方法，达到预期定义目标，最终推进顾客成功。同时，公司注重多种创新方法的持续学习和引入，近年来在精益、约束理论、TRIZ 理论、阿米巴经营等创新方法的应用上也取得了显著成效，这些也有效地促进了企业创新工作的开展。

有创新的人才：公司创新性地提出了"经营人才"的理念，从主动性和学识技能两方面入手，经营出了德才兼备型人才。公司对科技管理和开发人员实行终身培训，实施有针对性、注重效果的培训工作，如选送员工出国培训，支持员工攻读 MBA、工程硕士学位等。同时，公司持续从全国知名高校引进和补充优秀毕业生，建立了良好的人才梯队。另外，公司不断加强与科研院所的合作，并聘请国内外知名专家作为研发顾问，利用全球范围内的专家资源来提升公司的生产技术水平。

在"五有"创新管理模式的持续有效运行之下，共享集团公司先后获批组建了国家级企业技术中心、博士后科研工作站、宁夏金属材料成型院士工作站、大型关键铸件先进铸造技术国家地方联合工程实验室、宁夏先进铸造技术重点实验室、宁夏智能铸造工程技术研究中心、宁夏机床辅机（银川）创新中心、国家智能铸造产业创新中心八大创新平台，并拥有宁夏大型高端铸件研发、宁夏铸造 3D 打印及智能工厂产业应用两个自治区政府认定的科技创新团队。

目前，共享集团一方面着眼于为国家重大工程及重大装备配套研发关键铸件，如华龙一号第三代核电工程、白鹤滩百万千瓦级水电工程、港珠澳大桥工程等；另一方面则着力于推动和实现铸造产业的转型升级，如铸造 3D 打印设备的研发及产业化、3D 打印技术在铸造行业的产业化应用、基于 3D 打印生产线的铸造智能工厂建设等。在现有"五有"创新管理模式下，创新方法工作将有效推动企业这两方面业务的快速开展。

1.3.2　多种创新方法融合应用的背景

共享铸钢自 2006 年 5 月 9 日建成投产以来，一直致力于推广和应用六西格玛管理方法。企业以推进顾客成功为中心，建立了基于六西格玛管理方法的顾客成功项目管理模式，将企业内部新产品研发、生产效率提升、制造成本降低以及产品质量改进等重点工作都通过 CSP 的形式立项开展。这样在全业务领域推进六西格玛管理方法，虽然取得了一定的成效，但应用的局限性也十分明显。例如，六西格玛管理方法在生产现场布局管理、具体制程、结构问题解决方面就显得无用武之地。

为此，公司自 2011 年起，又在生产管理领域开始大力推行精益管理。围绕精益价值流和减少七大浪费，开展了一系列的生产计划、流程优化以及现场布局改善工作。同时还引入了约束理论，找出生产管理的瓶颈，解决铸件库存积压过高的问题。通过精益管理和约束理论在生产管理上的共同实践，公司近年来生产效率得到持续提升。

另外，得益于宁夏回族自治区科学技术发展战略和信息研究所主持的 2013 年国家科技基础性工作专项《宁夏创新方法基地建设与企业示范》项目，共享铸钢作为区内五家示范试点企业之一，开始引进和推广发明问题解决理论（TRIZ）。2015 年公司又主持了国家创新方法专项《多种创新方法在制造企业的融合与应用推广》项目。通过这两个项目的实施，目前已经为公司培养了一批熟悉 TRIZ 理论的创新工程师，为公司解决了 50 多项工程技术难题。

最后，在企业经营管理、成本降低方面，公司参考上汽集团"人人成为

'经营者'"管理模式，通过系统的阿米巴管理学习，根据企业业务特点，创立了"共享经营体"管理模式。经过企业内部经营体划分、业务定价和推进运行，公司在降本增效方面取得了重要成果，仅 2016 年就降低企业经营成本 700 多万元，很好地应对了铸造行业市场萎缩带来的企业经营困境。

当然，无论是六西格玛管理方法，还是 TRIZ 理论、TOC 理论等创新方法，或是精益和阿米巴经营模式，均已经经过多年的总结和应用，均拥有完善的理论体系和案例支撑，在企业内部各业务领域的应用过程中也各有利弊。因此，在现代化的制造企业管理过程中，为了应对愈发严峻的经营环境，基于企业创新链，将多种创新方法进行有机融合，并进行大力度的推广和应用就显得非常必要。共享铸钢的多种创新方法引入历程如图 1-3 所示。

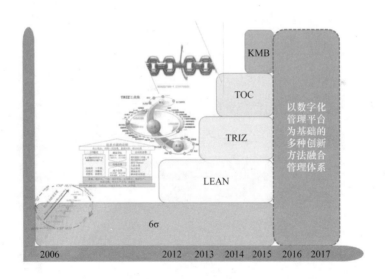

图 1-3　多种创新方法引入历程

1.3.3　多种创新方法融合应用的基本思路

创新方法工作的总体目标是通过科学思维、科学方法和科学工具，更好地发现问题，寻求有效解决问题的途径、方法和工具，从而更好地提升企业在科技和管理方面的自主创新能力。多种创新方法融合应用的基本做法是培训先行、试点先行，通过多种创新方法融合模式研究，形成一套以数字化管理平台为基础的多种创新方法融合管理体系，从若干家示范试点企业开始，逐步进行大范围的推广应用。

1. 创新方法实施方案编制及方法培训

公司编制了多种创新方法应用推广规划、实施方案以及配套的管理制度，提出了多种创新方法融合及推广应用的具体要求。同时，针对不同层级的业务对象，开展 6Sigma、Lean、TOC、TRIZ 等各种创新方法的系统培训，首先培养出一批懂创新方法的专业人才，并在企业内部营造创新方法工作氛围。

2. 研究创新方法与创新链的融合模式

基于公司在各种创新方法使用过程中的总结和问题，通过对整个创新链中技术研发、工艺设计、小批试制、批量生产、质量控制等各个过程的总结和论证，将创新方法与创新链进行有效结合，明确各个创新阶段对应的创新方法。分析各种创新方法的最适用范围和缺陷，利用其互补性组建相对完善的创新方法理论体系，逐步形成一套以数字化管理平台为基础，以六西格玛管理方法为框架，精益管理、TRIZ 理论、TOC 理论等作为有效补充的全新的创新方法理论体系。

3. 多方法融合的基础数据平台的建立

以数字化为实施基础，融合 Lean、TOC、6Sigma、TRIZ 等先进的创新管理方法，在产品研发、质量管理、生产管理、成本控制等业务领域开发基于体系文件的数字化管理系统，从这些系统中挖掘出可为创新方法融合应用提供支持的基础数据，建立数据仓库，通过对前端风险因子的测量监控，来影响企业各项经营决策。

4. 多种创新方法融合的应用实践

围绕企业创新链，在产品研发方面开展六西格玛设计方法（DMADV）和

TRIZ 理论的融合及应用；在生产管理方面开展 Lean 和 TOC 理论的融合及应用；在质量管理方面开展六西格玛改进方法（DMAIC）、阿米巴经营模式和"海因里希"式质量风险管控模式的融合及应用；在以成本管控、创造利润为主导的企业经营管理方面，开展基于阿米巴经营模式的共享经营体管理模式的研究及应用推广工作。

5. 多种创新方法融合应用的行业推广

通过多种创新方法融合的应用实践，不断完善创新方法实施方案和理论体系，培养熟悉多种创新方法及其融合理论的创新人才梯队和师资队伍，为方法推广奠定基础。同时，需要对已有示范企业多种创新方法融合应用的情况进行绩效评估，使更多的企业能够看到多方法融合带来的有益效果，从而坚定其多种创新方法引进及融合应用的信念。如此周而复始，将会涌现出更多的多种创新方法融合应用示范企业，使我国创新方法工作实现跨越式发展。

第2章

创新方法融合应用的基础——建立数据平台

彭 凡 罗永建 徐 峰 彭志诚

创新方法在企业经营运作过程中的融合应用需要大量的业务数据支撑。传统的数据管理模式不能满足创新方法在企业的融合应用，基于企业业务流程的数据平台便成为创新方法融合应用的基础性平台，为其提供精准的数据以及高效的分析模式。企业在策划平台建设方案初期就将创新方法与业务流程进行融合，并总结提炼出一套"基础数据系统、运行流程系统、统计分析系统"+"绩效量化应用系统"的"3+1"数字系统策划模式。通过该模式的应用将企业管理软件化、业务数字化，从而搭建起工业企业大数据分类、收集、分析、应用系统，为 Lean、TOC、6σ、TRIZ、海因里希、阿米巴等创新方法和理论提供了融合应用平台。

2.1 制造企业需要具备的信息化基础

2.1.1 制造业信息化背景

制造业信息化是用信息技术改造传统产业和实现信息化带动工业化的突破口。制造业信息化将信息技术、自动化技术、现代管理技术与制造技术相结合，带动产品设计方法和工具的创新，企业管理模式的创新，企业间协作关系的创新，实现产品设计和企业管理的信息化，生产过程控制的智能化，制造装备的数控化，咨询服务的网络化，全面提升制造企业的竞争。

我国于 20 世纪 80 年代开始进行制造企业的信息化建设，从最初的单项应用已转向集成化、综合化和网络化发展。国经委调查表明：300 家国家重点企业中有 80% 的企业已经建立了办公自动化系统和管理信息系统，70% 以上的企业接入 Internet，50% 的企业建立了内部局域网。在企业信息化不断深入的过程中，以 ERP（Enterprise Resource Planning，企业资源计划）、CIMS（Computer Integrated Manufacturing System，计算机集成制造系统）、OA（Office Automation，办公自动化）为代表的一批制造企业信息系统的不断实施提高了企业的信息化水平，但是由于制造企业信息化具有影响面广、涉及人员多、技术复杂、工程庞大等特点，其实施难度很高。我国与国外信息化制造企业还有一定的差距。造成这种局面的原因很复杂，涉及企业自身、咨询机构、软件商等多种因素，但其中最主要的原因在于我国企业多数将信息化系统用于运行管理、运行数据后期分析或者人工管理，造成数据价值浪费，大量深藏潜质的数据堆积在后台，无人处置，信息化利用率仅 65% 左右。如果不对数据加以妥善管理和应用，将可能带来以下几方面问题：

1）价值发挥问题。如果企业缺乏完整、一致的数据视图，业务部门面对众多信息系统时，将不知道哪些系统可以提供自己所需的数据；如果不了解数据质量状况或可靠与否，用户就不能放心使用数据，就无法依据数据分析做出正确判断、决策和快速响应。这些都会阻碍数据价值的完整发挥。

2）数据升值问题。如果数据的质量有保障，一方面企业可以利用商业智能、数据挖掘等技术手段从大量历史数据中发现事物发展的深层规律，例如客户期望、员工流失倾向、利润预测等，为企业提供经验总结和预见性的业务支撑；另一方面，良好的数据管理机制有利于企业建立内部知识共享和传承体系，促进企业的人才培养和组织进步，实现数据增值。如果数据管理不到位，质量无保证，数据就不会升值。

3）成本效率问题：如果对数据的理解不一致，将影响跨系统、跨部门、跨专业的沟通和信息共享，增加企业的沟通成本和建设成本；如果缺乏对贯穿企业的数据流的直观、完整的认识，那么将难以实现对系统故障、数据问题的快速定位；如果数据的权责不明确，则会导致系统之间、部门之间的相互推诿和扯皮。这些都反映出了信息系统对业务的支撑不力，会导致业务部门质疑企业对信息化的投入，造成了成本效率问题。

据统计，我国 2016 年的数据总存储量为 4.19ZB，预计 2020 年达到 38.99ZB，如此庞大的数据在大数据技术下将给企业带来新的契机以及商业模式。在此背景下，2016 年国务院在《中华人民共和国国民经济和社会发展第十三个五年规划纲要》中提出，把大数据作为基础性战略资源，全面实施促进大数据发展行动，加快推动数据资源共享开放和开发应用，助力产业转型升级和社会治理创新。

2.1.2 企业数据管理概述

企业数据泛指所有与企业经营相关的信息、资料，包括财务信息、产品信息、经营数据、生产数据、质量数据、人事数据等。利用计算机硬件和软件技术对数据进行有效的收集、存储、处理和应用，其目的是充分发挥数据作用，实现企业数据的有效管理。随着计算机技术的发展，企业数据管理主要经历了两个阶段，如图2-1所示。第一阶段问题导向管理，即传统管理。此阶段数据利用率低，且属于事后管控，企业的运营管理成本较高，或者通过历史经验以及较多数据分析的结果对企业运营进行较早的正向干预，使企业运营良性发展。第二阶风险管理，即智能管理，通过先进的数据分析技术对企业运营数据进行挖掘式分析，提炼出关键性的影响因子加以管控。

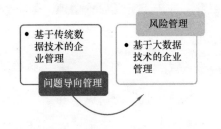

图2-1　企业数据管理的两个阶段

第一阶段：问题导向管理，企业在运营管理过程中，没有通过运营数据做必要的先期策划、风险评估和应急预案，导致运营问题不断，尽管会在事后做补救措施，但已发生的问题导致的经济损失、人力成本以及时间成本已事实发生，给企业运营带来了不必要的损失。

第二阶段：风险管理，随着数据仓库以及大数据应用技术的发展，越来越多的企业把关注点放在了风险评估以及事前规避风险上，利用先进的数据处理分析技术对企业运营过程中所产生的一切可利用的数据建立数据仓库，归类整理。通过建立数据分析模型，对大量的历史数据进行分析，以获取最佳风险因子，通过对风险因子的有效干预，使企业的经营结果良性发展并处于可控制的状态。

2.1.3　传统制造企业数据管理的模式及其弊端

模式一：传统数据孤立性管理，如图 2-2 所示。传统企业数据管理将人、机、料、法、环、测的数据单独由各主管的业务部门进行处理分析，比如某公司 HR 主管部门仅针对一季度人员的流失进行分析，于是便找来已离职人员的相关信息进行分析，而与造成流失有关的其他信息就被忽略了，造成数据运行的孤立性，从而导致分析结果的片面性。

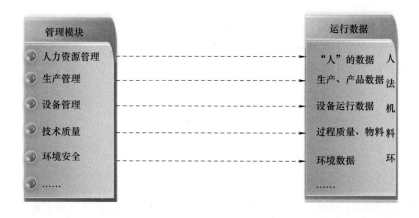

图 2-2　传统数据孤立性管理

模式二：传统数据局限性管理，如图 2-3 所示。传统企业信息化系统产生的数据是按责任部门进行处理的，对于一位 HR 经理而言，其知晓、掌握、可应用的数据仅限关于人的数据，对于产品、设备、质量等信息不能综合掌握，以至于当运营过程出现问题后不能通过全面的分析得到真正有效的分析结果，很多重要的关键的影响经营结果的数据没有被利用到，导致分析结果的局限性。

模式三：传统数据问题导向管理。该模式主要表现为事后管控、过程失控。传统企业由于其信息技术的局限性，往往在运营产生不好的结果后，才开始调查什么地方出了问题，这种问题导向给企业造成了实际的经济、时间损失的同时，降低了企业运营的效率。比如，某公司在生产过程中发现产品出现批量化

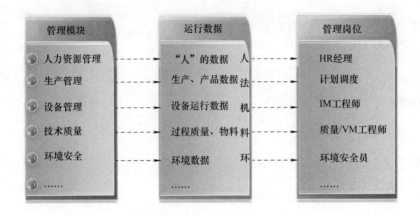

图 2-3   传统数据局限性管理

注：IM—智能制造，Intelligent Manufacturing；

VM—虚拟制造，Virtual Manufacturing。

的问题，只能报废重新进行生产，不但造成了企业的成本损失同时延长了产品交付周期，而找到该问题发生的原因还需要花费时间进行调查。这种管理模式必然造成企业运营效率的低下以及运营成本的增加。

综上，实际上传统的企业数据管理模式是一种单因子、问题导向的管理，不但属于亡羊补牢，而且补什么地方通过单因子也无法完全杜绝所有问题，甚至可能将最大的漏洞给遗漏掉。

2.1.4   经营数据链管理模式及其优势

基于共享信息技术的基础以及管理的需求，将传统的数据管理模式进行变更，共享集团提出了经营数据链管理模式，如图 2-4 所示。即以数字化为实施基础，融合精益、TOC、六西格玛、TRIZ 等先进管理方法，通过对前端风险因子的测量监控，来影响企业各项经营结果的管理模式。这种管理模式将传统的单因子管理模式变革为多因子管理模式，通过信息技术将企业运营的大量数据进行整合分析，找到影响问题本质的关键性因子，给予其控制标准或者监控标准，通过前端控制来影响结果。

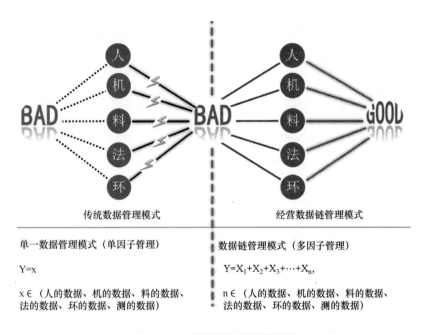

图 2-4   经营数据链管理模式图

数据链管理模式应用举例：我公司 2015 年造型工厂成本超支，通过将 2015 年所有与造型相关的人、机、料、法、环、测数据利用大数据进行数据挖掘，发现两个强相关的因子分别是 GUT 分离时间不足以及设计砂铁比过高。

传统的数据分析仅仅考虑问题发生的直接原因，而不会找到问题发生的最根本原因，如此实例出现了辅助材料超标时，传统的分析会将问题发生的原因认定为新砂加入量，给定的措施必然是降低新砂加入量，遗漏了真正的原因，那么问题仍然不会得到解决。这就是传统数据管理模式的弊端，没有找到企业运营过程中真正存在的问题，并给予解决。这样的不良循环，导致企业的利润越来越低，甚至亏损。所以我公司提出了经营数据链管理模式，目的就是找到企业运营过程中的真正问题，并在前端进行修正控制，使企业各项经营管理长期处于良性发展。造型成本数据分析图如图 2-5 所示。

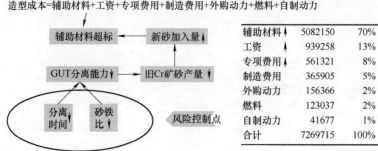

图 2-5　造型成本数据分析图

　　由上所述可知，当代制造企业的创新方法融合应用实际是基于数据处理、分析的应用。传统的数据获取、处理、分析模式不能满足精益、TOC、六西格玛、TRIZ、海因里希、阿米巴等创新方法的融合应用。按照数据挖掘理论，大量的同类数据将使分析结果无限趋于精确，而创新方法的应用不是简简单单地将方法应用于业务，如果没有多而精的数据支撑，创新方法的应用如同行尸走肉没有灵魂，企业开展的效果会大打折扣。于是，企业在开展创新方法的活动中首先要做到基础数据平台的建设与完善，通过将企业的业务流程以信息化系统的形式进行落地，规范企业管理的同时，也为创新方法的融合实施提供大量的数据支撑。通过数据利用，创新方法的融合反向优化企业的基础数据管理平台，服务于企业管理。创新方法、数据、基础平台关系如图 2-6 所示。

图 2-6　创新方法、数据、基础平台关系图

2.2 创新应用基础数据平台的建立

基础数据平台的建立来源于企业各项管理业务流程的再造以及企业管理制度。管理制度以及业务流程是企业的血液与经脉，血液与经脉运行的结果就是企业各项经营管理的结果，而血液与经脉的流动过程所产生的各项信息源构成了企业管理的数据库，所以企业创新应用基础数据平台的建立根本是企业的业务流程电子化、体系制度电子化。利用此过程产生的数据进行数据挖掘及风险分析可反向纠正因制度、业务流程存在的问题或执行存在的问题导致的非良性结果。共享铸钢根据企业实际管理需求，按战略管理、创新管理、质量管理、物流管理、环境安全管理、财务管理、人力资源管理、特别管理创建了八大管理信息系统，如图 2-7 所示，构成了创新基础数据平台。这八大管理类别先后建立了 92 个业务运行系统，同时开发以物联网为技术支撑的智能制造单元以及现场生产领料系统。所有业务发生点都被数字化的系统所控制，除规范了企业的基础管理外，大量的运行数据及结果数据给企业的创新应用带来了新的价值。

图 2-7 共享铸钢八大管理信息系统

管理信息系统的开发与建立分为需求分析、策划设计、系统实施、测试维护、上线运行五个阶段。每个阶段都必须有成文的信息，以便后期系统在开发、运行过程中可追溯，减少不必要的沟通及返工浪费。系统开发生命周期如图2-8所示。

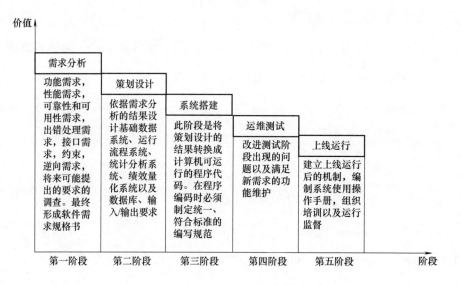

图 2-8　系统开发生命周期图

2.2.1　需求分析

需求分析，是信息系统开发生命周期的第一个阶段，也是最重要的一个环节。需求分析时期的任务包括确定信息系统必须完成的总目标，确定工程的可行性、采取的策略及系统必须完成的功能，评估完成该系统建设需要的资源和成本，并且制定项目进度表。系统分析通常划分成三个阶段：定义、可行性研究和需求分析。定义阶段要确定所开发的信息系统要完成什么目标，如果不知道信息系统的目标就试图开发信息系统，只会白白浪费时间和金钱。可行性研究阶段的主要任务是分析达到信息系统的目标是否存在可行的办法。可行性研究的结果是信息系统的负责人做出是否继续进行这个信息系统的开发决定的重要依据。需求分析阶段的主要任务是确定目标系统必须具备哪些功能以及系统正常运行时应满足的性能指标。

　　系统需求分析阶段需要按照目标需求、用户需求、软件功能需求、输入输出需求、数据管理能力需求、故障处理需求、硬件需求、软件需求、接口需求、其他需求等维度进行需求分析（见下表 2-1），根据分析的结果出具系统开发需求分析报告及可行性分析报告。

表 2-1　需求分析要求

需求类别	具体要求
目标需求	叙述该项软件开发的意图、应用目标、作用范围以及有关该软件开发的背景材料。解释被开发软件与其他有关软件之间的关系。如果本软件产品是一项独立的软件，而且全部内容自含，则说明这一点。如果所定义的产品是一个更大的系统的一个组成部分，则应说明本产品与该系统中的其他各组成部分之间的关系，为此可使用一张方框图来说明该系统的组成、本产品同其他各部分的联系和接口
用户需求	充分说明操作人员、维护人员的教育水平和技术专长，以及本软件预期使用频度。这些是软件设计工作的重要约束
软件功能需求	逐项定量和定性地叙述对系统所提出的功能要求，说明输入什么量、经怎样的处理、得到什么输出，说明产品的容量，包括系统应支持的终端数和应支持的并行操作的用户数等指标
输入输出需求	解释各输入输出数据类型，并逐项说明其媒体、格式、数值范围、精度等。对系统的数据输出及必须标明的控制输出量进行解释并举例
数据管理能力需求	说明需要管理的文卷和记录的个数、表和文卷的大小规模，要按可预见的增长对数据及其分量的存储做出估算
故障处理需求	列出可能的软件、硬件故障，以及故障对各项性能而言所产生的后果和对故障处理的要求
硬件需求	列出运行该软件所需要的硬件设备
软件需求	1）操作系统 2）数据库管理系统 3）其他支撑软件
接口需求	简要说明该软件同其他软件之间的公共接口、数据通信协议等
其他需求	以列表的形式列出在需求分析阶段必须解决但尚未解决的问题

2.2.2 策划设计

经过需求分析后,实际上系统未来将要实现哪些功能在需求分析报告中已经基本体现,但为了给开发人员一个更好的逻辑界面以及开发框架,必须结合需求分析报告进行系统策划设计。策划设计实际是告诉开发人员业务流程是什么、与之搭配的运行表格是什么、运行表格中的数据流向以及数据来源是什么、系统运行的数据如何进行前台展现利用。基于此,我公司设计出了一套系统策划设计的模板——"3+1"策划设计模式。如图2-9所示,"3+1"策划设计模式包括运行流程系统、基础数据系统、统计分析系统、绩效量化应用系统。

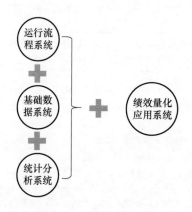

图2-9 "3+1"策划模式图

1. 运行流程系统

运行流程来源于需求分析报告中的业务流程需求,包含具体的运行表格。根据实际的业务流程,结合流程重组优化,形成新的业务流程,以流程图的形式展示给开发人员,以便其设计出最优的软件架构,如图2-10所示。为了整体监控公司各系统数据运行的有效性,预开发一套数据监控平台,通过对各系统运行的数据异常情况进行判断,进而处置异常、关闭异常。业务流程体现在运行流程图上需要 7 步。第一步是数据刷新，目的是及时性，可以及时发现最新的数据运行情况。第二步是异常判定，通过提前设计每个数据的异常判定逻辑，当数据被判定为无异常时，则记录正常；如数据被判定为异常，则进入到流程三发送异常提醒，目的是在发现异常后可以及时提醒进行异常处置。第四步是异常现场判定，这是人工过程，但需要有系统的运行界面，所以此部分流程必须存在，当现场判定为非异常，则现场进行异常关闭；如果现场确认为异常，则进入到第五步流程——异常处置，异常处置包括处置及处置反馈。第六步是处置结果判定过程，如果处置结果未解决问题，则继续进行处置；如果处置结果解除了问题，则流程进行异常关闭，流程结束。

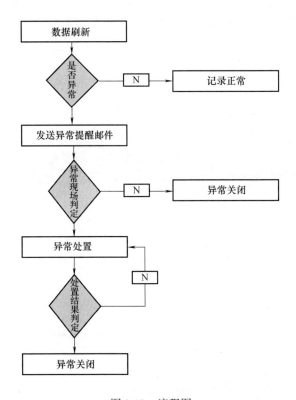

图 2-10 流程图

完成了图 2-10 便是完成了一个系统开发的运行流程图策划。在策划过程中，需要考虑人机结合的每一个细节，不仅仅要将实际的业务流程进行展现，同时要将每一个人机交互的过程融入运行流程中，防止系统开发好后运行流程的缺失引起的流程异常，或者系统的用户体验降低导致系统的寿命降低，或者更严重的后果例如无法运行。

当运行流程图确定后，根据每一个流程需求的运行界面以及数据需求策划设计运行表格，运行表格应考虑统计分析阶段需求的数据以及运行过程的自动化，应该尽量少的人工参与，以提高用户体验。

策划运行表格时需将每一项要使用的数据源进行提供，如最基本的组织机构（公司、部门、人员、岗位等）信息从什么地方来，以及必要的逻辑算法。将业务算法以最简单的形式进行说明，以便开发人员在开发过程中编译代码。表格中的任何控件须附带功能使用的说明，例如，如果图中有"保存"按钮，应说明点击保存后，进入到哪个流程，触发什么运算等。模块策划表如图 2-11 所示。

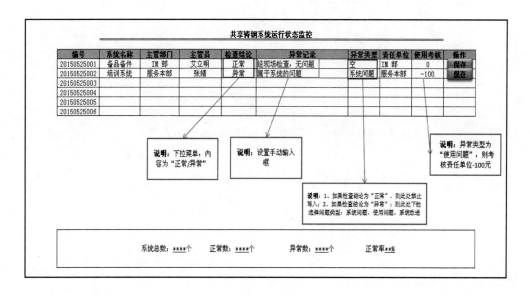

图 2-11　模块策划表

2. 基础数据系统

基础数据系统是系统应用的血液，在策划设计阶段，对系统从流入到流出需要什么样的数据进行规定说明。基础数据系统包含数据名称、数据类别、数据源、数据类型。运行流程中每一个涉及输入或者参与运算的数据都必须严格提供以上信息。同时，应考虑后期统计以及绩效应用需要用到的数据。在设计基础数据系统的时候应注意以下几点：

1）同一数据不能从不同的数据源进行获取，即数据源统一，避免在数据运算过程中，出现迭代问题；

2）数据名称通用性，所提供数据名称应尽量考虑通用性，应适用于企业通用称谓；

3）数据标示唯一性，即数据类型唯一，比如下面表 2-2 中的年龄，如规定为数字类别，应为阿拉伯数字，如规定为文本类别则为大写，但只有阿拉伯数字可参与数据的加减乘除算法，所以当定义为文本类型时，用户想要做加减乘除算法就不能实现，所以，须严格定义其数据类型。

表 2-2 基础数据规则表

数 据 类 别	数 据 名 称	数 据 来 源	数 据 类 型
人事	年龄	ERP	数字
人事	户口性质	ERP	文本
人事	技能级别	ERP	数字
人事	晋级周期	ERP	数字
人事	工作时间	考勤系统	日期
人事	员工类别	ERP	文本
人事	工资金额	工资系统	数字
人事	培训次数	培训系统	数字

另外，须提供运行表格中各项数据的逻辑算法供软件编程人员进行软件实现，比如想要知道某季度的公司经营利润的情况，就必须提供经营利润的实际算法，并将算法中需要用的数据以上述表格中规定的要求进行提供。这样搭建

好的基础数据系统，在后期系统建设过程中以及未来的系统应用中都不会产生由于数据本身问题造成的使用问题。

3. 统计分析系统

运行流程、运行表格以及基础数据全部策划设计完毕后，系统产生什么样的数据已基本可以明确，之后对于一个管理信息系统最重要的是在确保过程运行质量的前提下，能够对运行数据进行统计分析，减少手工分析。通过提前建立的分析算法，可人性化地去根据需求由系统智能地将分析结果呈现给决策者，如此一来，领导、工程师可节省大量的数据搜寻、整理、制图、制表的时间，用于创新提效的工作。统计分析的策划设计结果，根据将要呈现的内容以及要求，分为统计图、统计表、报告等。

为了知道公司某段时间内系统运行的总体情况，宜采用统计图（图 2-12）的形式。一般需要对明细进行查询分析时，宜采用统计表的形式。如想知道公司每天的异常情况，宜采用报告的形式，便于知道具体发生的问题。

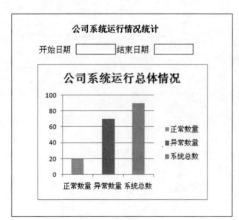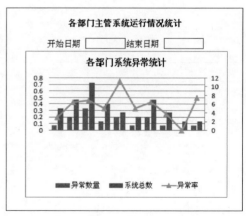

图 2-12　统计图

4. 绩效量化应用系统

过程管理系统只有和量化挂钩后，才能真正约束人的活动，才能真正实现用系统管人。通过统计分析系统的搭建，确定关键经营指标（如焊补率、出品率等）并进行统计。在指标统计过程中，通过主管部门、主管班组、主管人等多个维度进行分析，形成可量化的数据，从而根据此数据自动落实考核信息。

在策划过程中，应关注在什么流程节点控制人的活动，则此节点需要加入考核机制。具体的考核机制依据公司的绩效标准而定，如对于业务流程，为了控制异常处置完成的及时性，每拖期一次考核 100 元。通过在关键业务节点设置考核，可大大提高系统的使用频率以及业务流程的规范执行。异常处置量化设置图如图 2-13 所示。

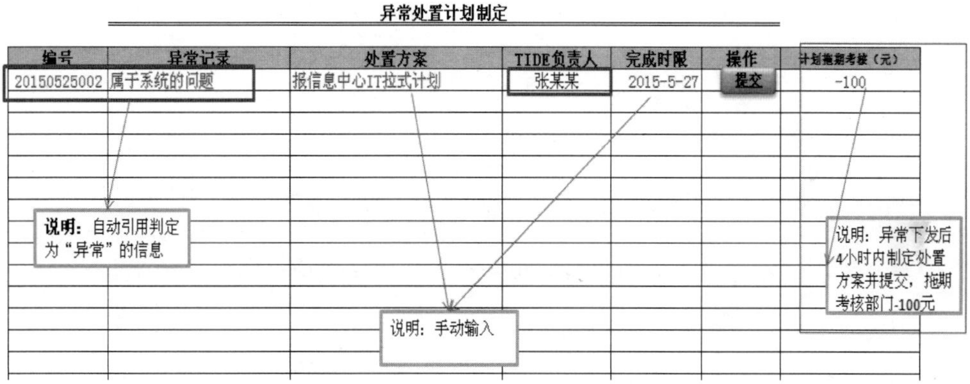

图 2-13　异常处置量化设置图

2.2.3　系统搭建

"3+1"策划方案获批后，交由软件开发人员进行系统的编码工作，即进入系统搭建阶段。此阶段需求的文件性材料由需求分析报告和系统策划方案两个文件组成。需求分析报告中的软硬件需求、开发周期需求、用户体验需求等将决定软件整体的架构设计。如果前期需求分析阶段工作不到位或者未进行，就直接进行系统策划，那么系统将来的风格将完全按照开发人员的审美、知识、习惯而定，这势必大大降低用户体验。所以，需求分析阶段的工作是整个系统开发过程的基石与风向标，如同房屋的装修风格一定是由用户需求及审美而定，不能由装修工的审美而定。

当需求定下来，数据库也定下来后，就可以进行实质性的编码了，代码要让别人能够看懂，必须在实际的编写代码过程中有详细的编码规范，以下的一些规范是必须遵守的。

1. 源程序文件结构

每个程序文件应由三部分组成：标题、内容和附加说明。其中标题部分要阐述清楚程序名、作者、版权等信息，如有必要可以进行详细说明；内容中的控件注册等函数应按一定的顺序放在最后，并尽量保持每一部分只有一个；附加说明是文件末尾的补充说明，如参考资料等。

2. 界面设计风格的一致性

系统界面应统一风格，以共享铸钢公司为例，要遵循如下原则：

1）以用户为中心，以用户的视角去设计、评审整体界面；

2）符合公司规范，以公司文化为准绳，确保一切设计符合公司形象；

3）以商品化为目的，确保设计的泛用性、可操作性和可复制性；

4）操作简单，避免繁复的操作影响用户体验。

3. 编辑风格

在具体的代码编制过程中，对缩进、空格、对齐、空行、注释等要有统一的要求，以保障形式上的整齐以及不同开发人员阅读的方便性。

4. 命名规范

坚持按公司的要求进行命名，所有标识符一律用英文或英文缩写，标识符中每个单词首字母大写，缩写词汇一般全部大写，只在必要时加"_"间隔词汇。

5. 开发人员的测试

在系统建设过程中，开发人员要对各功能、模块进行内部测试，保证代码能正常运行，此时发现的错误比较容易修正。

2.2.4 运维测试

系统运维测试是软件系统开发的重要组成部分，是软件开发人员测试在系统运维阶段的进一步延伸和扩展，系统运维测试阶段主要具有软硬件全覆盖测试、系统业务在线运行测试、测试执行多变性、测试分析前瞻性等特点。

系统运维测试要保证系统高效稳定运行。为了在系统上线后不影响用户的实际使用，必须充分关注系统的变化情况，建立系统运行基线，一旦发现系统运行状态低于基线或者服务能力快速下降时，要及时提供有效手段保证系统能够满足用户日常的使用需求。

2.2.5 上线运行

经历过运维测试阶段后，将系统存在的所有功能性问题修改完毕可进行上线运行，上线运行前由开发人员以及参与测试人员编写系统使用操作手册，并统一组织所有系统用户及涉及相关业务的其他用户学习如何正确高效地使用新的系统。系统的非法使用或者破坏性使用对于企业的经营管理以及经营数据会产生极其恶性的影响，所以系统上线前的培训非常重要。

系统一旦上线运行，需要对其运行过程进行监控以便做出实时改进优化，同时可及时纠正用户在使用过程中的操作不当导致的使用性问题。由于企业人员的多样性（受教育程度高低不等、思想观念不一致），新的系统在使用过程中难免出现由于不会使用或者不愿使用导致的各类问题，所以新的系统上线后，在用户养成系统良性使用习惯前须进行监督检查。整个系统运行顺畅才会真正使业务流程数字化，流程运行的结果数据化，数据价值真实化。

在系统监督检查方面一般分为人为监督与数据监督两类。人为监督耗时量较大，同时容易出现监督偏差，数据监督是共享铸钢公司提出的更加高效的计算机监控系统运行的方法，其主要运行原理是关键的流程设置时效性监控。未在流程失效内处理，系统会自动进行管理升级，将流程节点处理的信息发送主管的领导，如仍未进行处理，则升级至公司领导，通过这个方法可以监督控制业务流程处理的时效性，如图2-14所示为发运拖期审核管理升级。系统有效运行的另一个指标是数据准确性。对于数据准确性的监控原理较为简单，即通过对每个流程数据设置其准确值范围，比如某顾客对A材质的铸钢件的C含量要求是0.8~1.4，那么该顾客在该材质下的C含量数据准确值范围便是［0.8，1.4］，将系统实际运行的数据与该范围进行比对，如果数据溢出该范围，则说明此值存在异常性问题，需要进行验证关注。往往这类数据管理模式会纠正很多过程性数据的不真实以及过程业务错误的提示工作。但由于系统数据类别庞

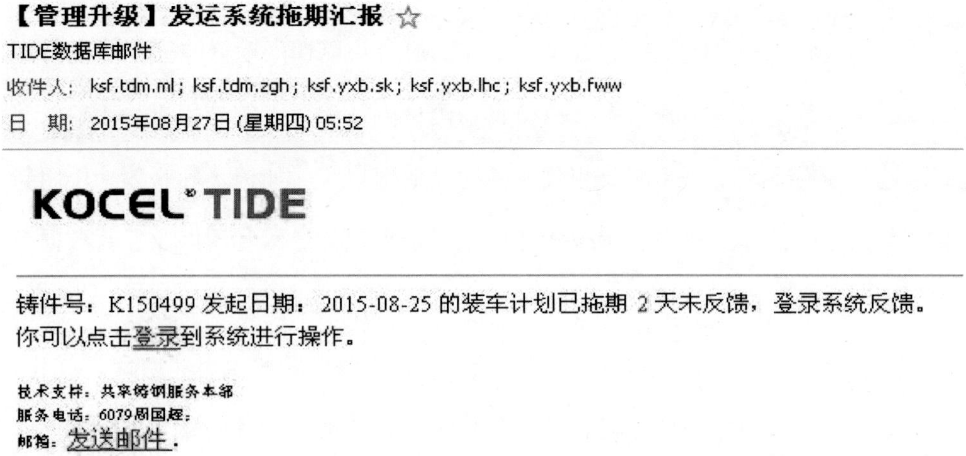

【管理升级】发运系统拖期汇报 ☆

TIDE数据库邮件

收件人：ksf.tdm.ml；ksf.tdm.zgh；ksf.yxb.sk；ksf.yxb.lhc；ksf.yxb.fww

日　期：2015年08月27日 (星期四) 05:52

KOCEL® TIDE

铸件号：K150499 发起日期：2015-08-25 的装车计划已拖期 2 天未反馈，登录系统反馈。
你可以点击登录到系统进行操作。

技术支持：共享铸钢服务本部
服务电话：6079周国程
邮箱：发送邮件.

图2-14　发运拖期审核管理升级

大，进行这项工作需要的算法过多，目前仅关键数据可用这种方法进行监控，其他数据仍需要人为进行定期检查。

系统运行阶段的检查监督工作对于一个系统能否有效高效的运行非常重要，原理与交通违章其实很相似，开车过程如果没有高清探头以及交管部门的检查，交通事故必然大增，社会秩序混乱。无论信息系统如何强大必然需要人的参与运行，如不用或者乱用信息系统，不仅是对前期开发建设投入的浪费，更是企业创新路上的绊脚石。必须重视对系统运行阶段的检查监督，以使系统良性运行。

2.3　创新应用基础数据的识别

企业在经历了信息化基础平台的建设后，业务流程运行的有效性将大大提高。基础数据平台的建立是企业通过信息化转型升级的第一步，在平台有效运行的背后将产生巨大的数据信息，如何将数据信息利用起来，即在有效的基础之上如何产生高效的数据价值，是每个企业应该考虑的事情。经营数据链的推行实施将提高企业对于数据价值的最大化挖掘，而基础运行平台的建立会让数据量越来越大，以满足经营数据链的数据挖掘需求。大量的数据如何收集是数据管理中最重要也是最难的一步，共享铸钢公司在收集数据中主要总结了下述一些经验。

数据价值发挥的前提是数据得到识别并被挖掘。企业每天生产经营、人事管理、质量管理、设备管理、技术创新等过程中都会产生新的数据，这些数据中只有一小部分被拿来做常规业务分析使用，绝大多数数据成了死数据。所有数据按类别分为已获取和未获取数据。对于已获取的数据通过建立数据收集模板由业务单位进行识别确认。数据收集模板见表2-3。

表 2-3　数据收集模板

结果梳理		可能影响因子识别					
经营类别	经营结果（Y）	类别	过程因子（X1）	是否可测量	是否已测量	测量系统	负责人
管理项目（例如：成本）	天然气	人	x1	技能等级	是	三项素质	张三
			...				
		机	x1				
			...				
		料	x1				
			...				
		法	x1				
			...				
		环	x1				
			...				
		测	x1				
			...				

　　共享铸钢公司为了找到能源成本项目天然气（Y）的影响因子，分为人、机、料、法、环、测六个维度去梳理可能影响的因子，梳理因子需要一层一层地进行挖掘。消耗天然气的设备分别有烤包器、预热炉、割枪、辐射加热设备等，然而每台设备运行机理以及其属性对结果值 Y 的影响不尽相同，于是便需要找到每台设备中影响其天然气损耗的因子。第一阶段识别为模糊识别，应尽量识别出所有的数据因子，以便后期做数据挖掘时能得到最可靠的挖掘结果。针对烤包器进行深度识别时，对其烤包时间以及不同产品所用的烤包器选择进行识别。在模糊识别阶段，分别从人、机、料、法、环、测识别到 32 个影响因子，下一步逐一评测已识别的因子是否可测量，对于不可测量的因子进行剔除，最后根据其是否已经建立测量系统并可得到数据，形成可测量的因子清单。对于未测量的因子，需要根据其测量结果要求以及测量难易程度来建立测量系统以获取可测量的因子，经此流程可识别与确认可能影响天然气耗量的因子，这

些因子将被用于数据挖掘以找到最精确的因子从而在前端加以管控。天然气影响因子识别见表2-4。

表2-4　天然气影响因子识别表

经营结果（Y）	类别	过程因子（X1）	过程因子（X11）	是否可测量	是否已测量
天然气	人	节能意识	节能培训	√	√
	机	烤包器	烤包时间	√	√
			烤包器选择	√	×
		预热炉	预热炉炉壁密封	√	×
			预热炉地坑清洁	√	×
		锅炉	锅炉运行时间	√	×
		梅塞尔割枪	完好率	√	×
		辐射加热设备	检测部开启时间	√	×
	料	焊接保温工装	保温性	√	×
			耐用性	√	×
		热处理炉工装	适用性	√	×
			适用范围	√	×
	法	热处理工艺	升温速度	√	√
			保温温度	√	√
			保温时间	√	√
			降温速度	√	√
		焊接预热工艺	焊接预热温度	√	√
		预热工艺	预热时间	√	√
			预热温度	√	√
		热处理方法	同炉率	√	√
			优先进炉原则	√	√
	环	环境温度	环境温度	√	×
	测	流量计配置	流量计配置数量	√	√
		测量系统	能源TDM系统	√	√
			热处理系统	√	√
			电力需求侧	√	√

公司为了监控人员稳定性，须识别影响人事管理的风险因子。针对人事管理需要关注的点又多又杂的特点，将人事管理按人员在公司的五个状态，分为选、育、用、留、离五个阶段。要从每一个阶段去识别可能影响稳定性的因子。比如在选人阶段，梳理出了包括年龄、户口性质等11项可能影响的因子，见

表2-5。梳理识别因子是一个假定的过程，即不管实际上是强相关还是弱相关，在数据挖掘分析结果出来前，都可以假定该因子是强相关因子。就人员稳定性共享铸钢公司识别出 26 项因子，并按照其是否已测量、是否可测量进行整理，形成人员稳定性因子识别库。对于未测量的建立测量系统，对于无法用系统直接读取的数据，可以通过问卷评分的方式来间接获取测量数据。

表 2-5　人员稳定性风险因子

风险类别	一　　类	风险因子
人员稳定性	选	年龄
人员稳定性	选	户口性质
人员稳定性	选	婚姻情况
人员稳定性	选	是否独生子女
人员稳定性	选	是否参军入伍
……	……	……

2.4　工业数据的应用实例

2.4.1　焊补率大数据分析

收集了企业运行的所有数据后，应建立数据仓库，实现企业运营数据链管理，即结果值 Y 与因子值 X 的管理。实际上，所有收集到的数据已构成了经营数据链的结果值 Y 与因子值 X，只不过什么样的 X 因子影响什么样的 Y 需要进行数据匹配来确定。数据匹配的过程是一个由粗到细的过程，首先要从结果出发寻找影响结果的 X 因子。在未知的影响因子中需要进行初步的人为识别，从已分类好的数据中识别出可能影响的数据因子，前提是 Y 值与 X 值存在唯一的关联关系。比如共享铸钢公司关注铸件生产过程中的质量指标焊补率，某铸件的焊补率与其影响的因子的唯一关联指针就是铸件号。这样在后期做数据模型与挖掘时才有意义，不然实现不了数据的挖掘。其次在识别过程中应考虑所有可关联到的数据，以使挖掘的结果更加趋于真实状态。

表 2-6 为焊补率影响因子识别表，焊补率 Y 值识别到影响因子总计 16 个，这 16 个因子以铸件号为唯一识别号进行关联，将此数据表通过从数据仓库中进行提取形成完整的数据匹配模型。表 2-7 为按此模型形成的数据列表，数据挖掘将从这些数据中找到最关键的影响因子 X。

表 2-6 焊补率影响因子识别表

铸件编号	熔点	浇注温度	浇注过热度	C当量	Cr当量	C	Si	Mn	…	Zr	Ca	裂纹焊补率	分类
K000000	1513.09	1576	62.9065	0.85	3.01	0.17	0.45	0.75	…	0.01	0.01	0.16	低裂纹

表 2-7 焊补率影响因子数据列表

铸件编号	熔点	浇注温度	浇注过热度	C当量	Cr当量	C	Si	Mn	…	Zr	Ca	裂纹焊补率	分类
K000000	1513.09	1576	62.91	0.86	3.02	0.18	0.46	0.76	…	0.00	0.00	0.17	低裂纹
K000001	1515.18	1573	57.82	0.79	2.94	0.17	0.48	0.72	…	0.00	0.00	0.47	高裂纹
K000002	1515.13	1577	61.87	0.82	3.03	0.17	0.45	0.71	…	0.00	0.00	0.32	低裂纹
K000003	1515.23	1572	56.77	0.82	2.96	0.15	0.39	0.82	…	0.00	0.00	0.24	低裂纹
K000004	1515.23	1574	58.77	0.82	3.08	0.16	0.48	0.74	…	0.00	0.00	0.26	低裂纹
K000005	1513.80	1573	59.20	0.84	3.08	0.18	0.48	0.73	…	0.00	0.00	0.21	低裂纹
K0000nn	…	…	…	…	…	…	…	…	…	…	…	…	…

以上数据将以 SQL 数据表的形式存放于单独的分析存储器，利用微软的 SQL Server Business Intelligence Development Studio 进行数据挖掘分析。基本过程如下：将数据放入指定的数据库后对数据进行归类、整理、清理放入特定数据仓库。然后对数据仓库中的数据进行贝叶斯、关联、神经网络等的算法分析，依据挖掘分析结果找出潜在影响因子、结合理论依据进行试验验证，最后根据

试验形成"知识"指导生产。数据挖掘分析模型如图2-15所示。

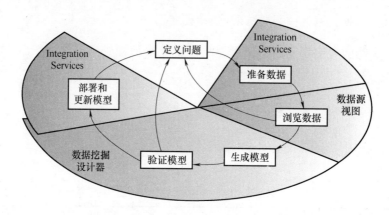

图2-15　数据挖掘分析模型

在这几个步骤中最为重要的是需要知道SQLserver2008中提供的八种数据挖掘算法，要掌握每种算法能够用来完成什么事情。须首先掌握其中的三种数据挖掘算法。

1. Microsoft 决策树

Microsoft决策树是一个按照类型分类的树，简单的流程如图2-16所示，每新增一个属性，在树的节点中新增加一个节点。

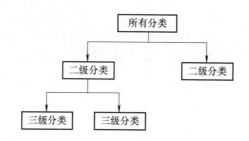

图2-16　决策树分类流程

2. Microsoft 线性回归

该算法是从一组已知点开始，找到一条给定点和目标点偏差值最小的拟合直线，这种算法要求自变量和因变量都是连续的数值。

3. Microsoft 朴素贝叶斯

该算法会检查数据表字段中的所有属性，从而确定该属性在何种程度上影响了想要预测的那个属性。例如来预测一个客户是否信用风险低时，贝叶斯算法会逐一取出客户的每一个属性——公司规模、年收入等，然后在训练数据（即用于数据挖掘模型构建的数据）上检查该属性对信用风险的影响。朴素贝叶斯结构图如图 2-17 所示。

图 2-17　朴素贝叶斯结构图

以下为裂纹焊补率影响因子的大数据分析结论。

1. 决策树算法

决策树算法是在训练过程（构建数据模型的过程）中创建一个树形结构，然后通过算法得出哪些属性最具有区别性，能够将预测值属性值分类。决策树算法的挖掘结构主要用于分类。

根据算法得出的结论如图 2-18 所示。

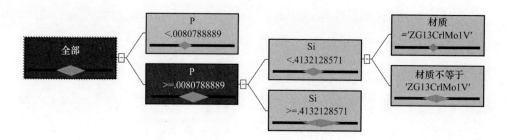

图 2-18　决策树分析结论图

1）当 $P < 0.0080788889$ 时，裂纹焊补率为 0.206。

2）当 $P >= 0.0080788889$ 时，裂纹焊补率为 $0.393 + 7.045 \times (Cu - 0.078)$。

3）当 $P >= .0080788889$ 和 $Si < 0.4132128571$ 时，裂纹焊补率为 $0.309 + 6.674 \times (Si - 0.379) + 4.826 \times (Cu - 0.078) - 263.367 \times (Pb - 0.000)$。

4）当 $P >= 0.0080788889$ 和 $Si >= 0.132128571$ 时，裂纹焊补率为 0.483。

5）当 $P >= 0.0080788889$ 和 $Si < 0.4132128571$ 和材质为"ZG13Cr1Mo1V"时，裂纹焊补率为 $0.224 - 23.165 \times (Al - 0.007) + 1.597 \times (V - 0.102) + 0.007 \times (Cr - 1.380) + 67.069 \times (Ti - 0.003)$。

6）当 $P >= 0.0080788889$ 和 $Si < 0.4132128571$ 和材质不是"ZG13Cr1Mo1V"时，裂纹焊补率为 $0.346 + 6.404 \times (Si - 0.381) + 2.100 \times (V - 0.036)$。

2. 逻辑回归

算法会创建一个网状结构，网中的每个输入节点的组合函数都会对输出值有影响。某些输入可能会比其他输入有更高的权重。逻辑回归主要用于分类和回归。

针对样本空间，首先取出两个极端来分析。

（1）选择值 1，裂纹焊补率为 $0 \sim 0.133$；选择值 2，裂纹焊补率为 $0.601 \sim 1.408$。结论：

1）对裂纹焊补率影响最大的在数据样本中是材质。

2）当 Ti 为 0.006～0.014 时，裂纹焊补率趋向于选择值 2。

3）当 Cr 当量为 1.075～3.512 时，裂纹焊补率趋向于选择值 2。

4）当 Cr 当量为 -2.657～-0.567 时，裂纹焊补率趋向于选择值 1。

5）当熔点为 1513.094～1515.193 时，裂纹焊补率趋向于选择值 2。

6）当 Mo 为 0.919～0.948 时，裂纹焊补率趋向于选择值 2。

7）当 Mo 为 0.986～1.051 时，裂纹焊补率趋向于选择值 1。

（2）取选择值 1，裂纹焊补率为 0.133～0.367；选择值 2，裂纹焊补率为 0.601～1.408。

结论：

1）当 Ti 为 0.006～0.014 时，裂纹焊补率趋向于选择值 2。

2）当 Ti 为 0.002～0.004 时，裂纹焊补率趋向于选择值 1。

3）当熔点为 1516.727～1518.518 时，裂纹焊补率趋向于选择值 1。

所以降低裂纹焊补率，应该将上述关键因子控制为：

1）Cr 当量保持在区间 -2.657～0.567。

2）熔点控制在 1516.727～1518.518。

3）Ti 在 0.002～0.004。

4）Mo 在 0.986～1.051。

3. 关联规则

关联规则是输入的组合因子之间的组合对结果的影响性。通过进行关联算法可以得出以下结论：

1）当 W 为 $8.8063207546875E\text{-}03$～$1.05181538453125E\text{-}02$ 时，裂纹焊补率为 0.241704246175～0.43370213455。

2）当 W $< 8.8063207546875E-03$ 时，裂纹焊补率 < 0.241704246175。

关联分析数据模型如图 2-19 所示。

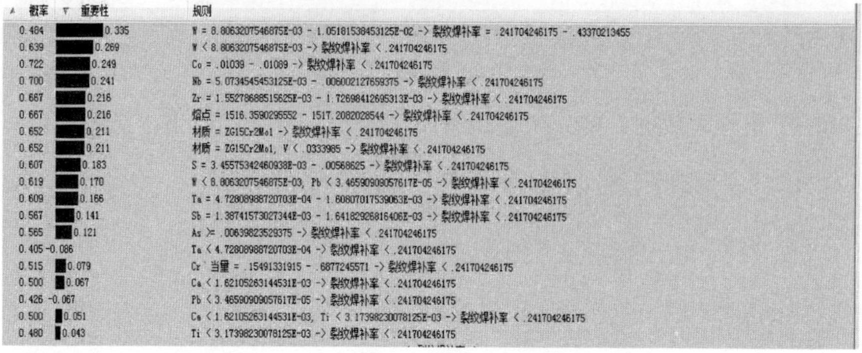

图 2-19　关联分析数据模型图

综上分析结论如下：

1）W 元素的含量是影响材质为 ZG15Cr1Mo1V 铸钢件的裂纹焊补率的贝叶斯关键因子。

2）Nb 元素的含量对铸件裂纹焊补率影响较大。经过预测，当 Nb 质量分数在 0.003%～0.004% 时，铸件裂纹焊补率比较低。

3）Ca 元素的含量也对铸件裂纹焊补率影响较大。当 Ca 的质量分数在 0.002%～0.003% 时，铸件裂纹焊补率比较低。

由如上分析案例可知，对经过数据分类后的数据按照事先设定的目标值进行数据收集以及挖掘，可形成影响目标值 Y 的影响因子以及因子控制范围，这将比传统的人工分析更加科学以及准确。企业运行的数据越多，数据质量越高，可获得性越强，分析的结论越趋于真实水平。

2.4.2　人力资源风险监控平台及应用

企业明确好需要管理的业务目标，通过大数据分析得到关键风险因子后，下一步需要对风险因子的实时状态进行监控，以及时对可能造成的不良后果进行纠正，避免给企业造成损失。以下以共享铸钢公司策划建设人力资源（HR）

风险监控系统为例，详细介绍风险监控系统的作业模型以及呈现模式。

1. HR 风险监控系统运行模式及目标

用 HR 相关大数据助力公司战略与业务的改造——从"稳定性""积极性""自主性""创新性"四个维度，利用大数据挖掘的方式在人才和组织管理上为业务提供科学的诊断与支持；通过问题改善，建立对员工"生活、学习、工作、发展"四个方面完整服务的生态圈；在提供高度自动化服务的基础上，让 HR 人员拥有更高的战略视野，为业务发展及人才战略规划注入价值。从明事实、察问题、拉预警、报预测方面，着手建设 HR 风险监控平台。通过建立 HR 风险因子库，从业务系统中收集关键因子以及其运行的状态，通过与事先建立好的数学模型进行对比，形成人力资源"稳定性""积极性""自主性""创新性"的分析报告。通过分析报告可得出公司级、部门级、班组级、个人的四性能指数，对指数低于标准值的单位、个人，查找其存在风险的因子，结合风险因子查找对策进行对症下药，做到提前预防、避免病变。平台运行平稳后，根据监控的数学模型按照实际运行重新进行修订，对已完善的风险因子库以及风险监控模型，要做到精准预警。人力资源风险系统架构如图 2-20 所示。

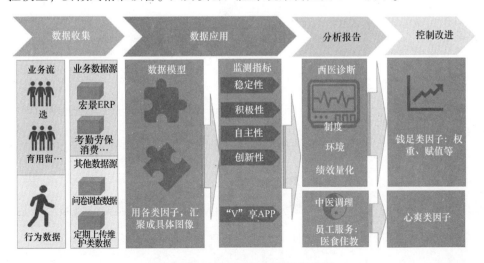

图 2-20　人力资源风险系统架构图

2. 风险监控因子识别与确定

共享铸钢公司为了测量影响员工稳定性、积极性、自主性、创新性的因子，从员工心理诉求出发，根据马斯诺（Abraham H. Maslow）原理将员工心理诉求区分为钱足、心爽、自我成就三类，将所涉及的因子按此三类进行分类。由于每个岗位的员工对钱足、心爽、自我成就诉求区域不同，比如公司领导一级的心理诉求区域是钱足 < 心爽 < 自我成就，而工人及辅助管理岗位对钱足的期许明显大于心爽以及自我成就的实现，所以需根据岗位不同来识别其可能影响的风险因子。员工自主性因子见表 2-8。

表 2-8　员工自主性因子表

目　标	风险因子	因子类别	统计级别	重　要　性
员工自主性	年龄	静态数据	个人	5
员工自主性	学历	静态数据	个人	10
员工自主性	职位	静态数据	个人	10
员工自主性	技能级别	静态数据	个人	10
员工自主性	职业资格	静态数据	个人	5
员工自主性	月度工资	动态数据	个人	10
员工自主性	工资趋势	动态数据	个人	10
员工自主性	绩效完成率	动态数据	个人	8
员工自主性	岗位平均工资	动态数据	个人	5
员工自主性	年终评价	静态数据	个人	6
员工自主性	员工提案	内部环境	个人	3
员工自主性	本岗位工作年限	动态数据	个人	8
员工自主性	工资发放日期	心理因素	公司	3
员工自主性	公司奖罚	动态数据	个人	5

通过以上方式总计识别出钱足类风险因子 38 项，心爽类风险因子 22 项，自我成就风险因子 7 项。由软件编码人员将这些风险因子从各个运行系统中经过数据提取、清理，形成 HR 风险因子数据仓库，如图 2-21 所示。

因为每一项风险因子对四性影响的程度不一致，于是给每一个风险因子一个重要性权重，然后围绕其重要性设立一个区间范围，在每一个区间上都会产

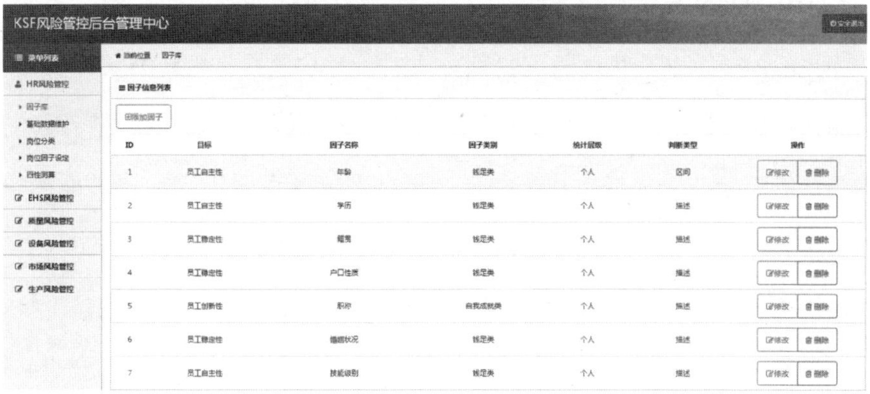

图 2-21　HR 风险因子数据仓库

生一个值，这个值将直接参与风险度的分析。比如：根据年龄的不同，影响稳定性的重要程度也应有所不同，给年龄一个权重值 5 分，根据大数据挖掘发现当年龄在 18～20 岁时，稳定性评价分是 0 分，那么在这个年龄阶段的稳定性得分便是基础分 5 分＋评价分 0 分，总计 5 分，以此类推，年龄段在 20～25 岁得分 7 分，25～30 岁得分 9 分，30～35 岁得分 12 分，35～60 岁得分 13 分。同理，其他风险因子根据此方式分别赋予影响的重要性标准值，以及对应的区间范围。以此便形成了 HR 风险因子的监控逻辑表，如图 2-22 所示。

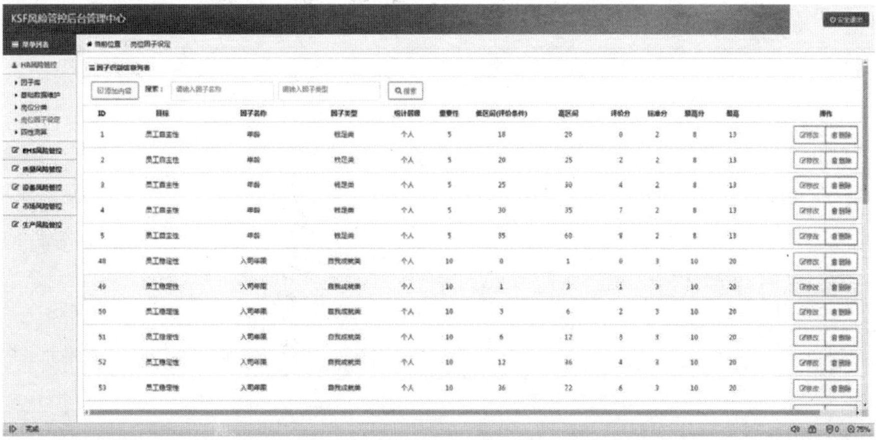

图 2-22　HR 风险因子监控逻辑表

3. HR 风险监控系统分析

当风险因子库以及其运算逻辑都形成后，每月根据收集到的实际数据与运算逻辑进行比对运算，将影响每一个性能的风险因子实际监控值进行累加，与该岗位的风险标准值进行对比，如果高于标准值则说明不存在该性能的风险，如果低于风险则说明存在该性能的风险。比如对于焊接岗位的操作工人，其稳定性的标准值为90，经过实际运算后得到的数据如果大于90，则该员工没有稳定性的风险，如果实际运算的结果＜90，则该员工存在稳定性的风险，需要找到哪个风险因子影响了该员工的稳定性，然后加以纠正管控。某员工稳定性监控表见表2-9。

表2-9　某员工稳定性监控表

目　　标	风险因子	标准分	实际分	风险识别	纳入改善	改善计划	责任人	下发执行
员工稳定性	年龄	5	0	Y	N			
员工稳定性	学历	3	2	Y	Y	组织学历提升报名	马某某	桌面 TDM
员工稳定性	籍贯	4	0	Y	N			
员工稳定性	户口性质	5	4	Y	N			
员工稳定性	婚姻情况	5	0	Y	Y	纳入工会联谊活动计划	冯某某	桌面 TDM
员工稳定性	技能级别	8	3	Y	Y	纳入两基培训计划	邢某	桌面 TDM
员工稳定性	入司年限	10	6	Y	N			
员工稳定性	年终评价	3	2	Y	N			
员工稳定性	公司奖罚	2	5	N	N			
员工稳定性	较平均工资	2	0	Y	N			
员工稳定性	月度工资	10	2	Y	N	纳入绩效分析计划	李某	桌面 TDM
员工稳定性	工资趋势	5	4	Y	N			
员工稳定性	绩效完成率	7	7	N	Y			
员工稳定性	较岗位平均工资	5	0	Y	N			
员工稳定性	较平均公积金基数	0	0	N	N			

（续）

目 标	风险因子	标准分	实际分	风险识别	纳入改善	改善计划	责任人	下发执行
员工稳定性	职位	5	0	Y	N			
员工稳定性	工资发放日期	2	2	N	N			
员工稳定性	工作条件	5	0	Y	N			
员工稳定性	工作强度	5	3	Y	N			
员工稳定性	出勤天数	4	4	N	N			

注：桌面 TDM 为一款共享铸钢自行开发的软件，可实现工作计划的制定、下发、汇报及月度绩效评价等功能。

对每个岗位的四性的分析结果汇总，如图 2-23 所示，形成该岗位班组级风险监控结果，该部门所有班组的风险监控结果累计进行分权后就是该部门的风险监控结果，公司所有部门的风险监控结果分权后就是整个公司的风险监控结果。这样就可以做到公司级、部门级、班组级、个人级的四性的风险监控。

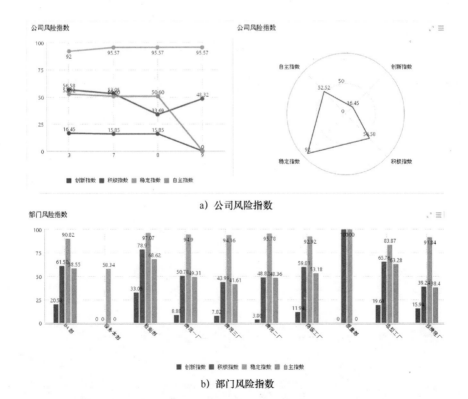

a）公司风险指数

b）部门风险指数

图 2-23 四性统计分析图

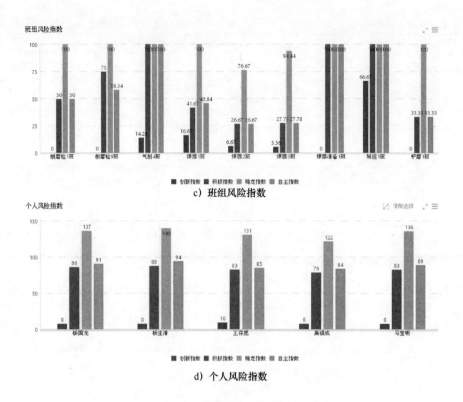

c) 班组风险指数

d) 个人风险指数

图 2-23 四性统计分析图（续）

第3章

六西格玛、TRIZ在产品研发中的融合与应用

彭　凡　　罗永建　　郭小利　　唐钟雪　　韩　博

　　传统的产品研发过程中，由于研发流程的不完善，工程师依靠经验式设计完成产品研发，容易造成产品质量参差不齐，研发效率低下，这对企业在产品制造方面会产生过多的弊端。共享铸钢在产品研发过程中，引进了多种创新方法，如六西格玛管理方法、TRIZ创新理论等。共享铸钢将这几种创新方法融入产品研发过程中，推进全流程虚拟制造理念以及设计思想。通过全流程虚拟制造理念的推广以及使用，将以难点识别、策划为主的"人脑"产品，和以虚拟设计、仿真分析、虚拟检验为主的"电脑"产品，以及以智能制造为主的"物理"产品等，都融入产品研发过程中，不仅实现了产品研发过程的改革创新，改善了产品研发效率，而且将过程问题、制造问题等全部在虚拟环境中实现预防及解决，避免了在实际生产中出现"先制造、再解决"的错误方法，使得产品质量大幅度提升，产品制造成本明显下降，产品研发效率大幅度提高。并且将全流程虚拟制造思想固化应用，编制全流程虚拟制造系统，集成铸钢件行业标准、公司典型工艺库、典型问题库等，实现了产品研发智能化设计新思路。

3.1 产品研发过程现状及问题

共享铸钢自成立以来，在产品制造过程中一直秉持"制造为主"的原则，从订单下发开始，经过工艺设计、模型制作后，便开始现场实际的生产，如图 3-1 所示，包括造型、合箱、熔炼、浇注、切割冒口、气刨焊接、包装、发运等。

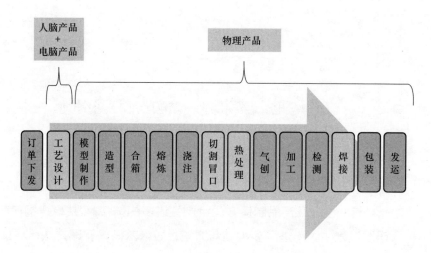

图 3-1　传统的铸钢产品制造过程

1. 产品制造过程的主要问题

传统的产品制造过程中，所有的过程环节的各自侧重点是有很大不同的。从图 3-1 可以看出，整个产品制造流程中，"物理产品"占据了比较大的份额，而"人脑产品"和"电脑产品"相对占比较低。并且，在工艺设计、切割冒口、热处理及焊接等方面，关注度比较高，而对其他过程环节，关注度较低。对这种制造过程，从目前的快速发展角度去审查，且结合实际多年生产过程中出现的较多问题，能够分析总结出传统产品制造过程存在的几点问题，如图 3-2 所示，主要包括以下方面。

图 3-2 传统的铸钢产品制造过程问题

1）不重视产品设计前的策划，不重视产品的设计过程，只注重部分与生产挂钩的节点，忽略了产品全流程各个节点的影响。即在"人脑产品"阶段和"电脑产品"阶段，投入的成本比例较少或者没有。而在实际生产"物理产品"阶段投入比例很高。从对近几年的制造过程问题进行分析总结可以得出，在"人脑产品"阶段和"电脑产品"阶段，如果加大人力、物力投入，将产品制造过程中出现的难点、问题提前策划解决，不仅更好地保证了产品的质量，而且大幅度降低后序生产过程中的成本投入和时间投入，提高生产效率，降低制造成本。如图 3-3 中的各个阶段成本投入与质量贡献比例可以看出。

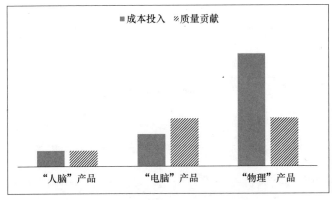

图 3-3 各阶段成本投入与质量贡献比例

59

2）传统的产品研发设计，均是经验式设计过程，设计工程师依靠工作经验的不断积累，来提高产品工艺设计质量等。在实际设计中，缺乏数据库分析、智能专家库应用等。对于新手或者设计经验少的人员，产品设计无法做到质量最佳，设计效率也很低，从而导致在设计阶段遗留有较严重的问题，使得生产阶段返工处理，耗费更大的人力、财力、物力等，如图3-4所示。

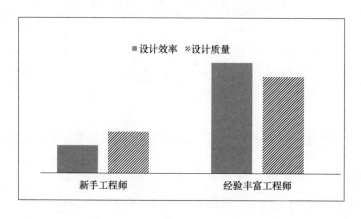

图3-4　产品工艺设计人员效率及质量对比

3）传统的产品研发阶段，受到设计成本投入以及行业科技水平发展的限制，铸造工艺设计得好坏均是凭借设计专家、经验丰富的工程师依据自身的知识水平以及设计经验判定，只有产品生产制造出来后，方可验证工艺设计质量。很少有公司能够投入铸造模拟分析软件，来检测铸造工艺的设计精准度以及指导改进工艺的不足之处。缺少模拟分析软件，会导致传统的产品研发过程中，产品设计质量较低。

4）传统的产品制造过程，受到设计阶段投入不足的限制，导致后序出现较多的质量问题。使得后序花费更大的人力、物力来解决。类似这样的问题，如果能够在设计阶段提前策划到，并且在设计方案中就制定措施并解决，是一种花很少的精力却创造巨大价值的设计模式。另外，在产品制造过程中出现的问题，如果解决措施未能固化，以及未能在根本上解决，会导致在同类产品中间题依然会重复发生。

2. 产品制造过程问题主要解决办法

针对传统产品制造过程产生的几种问题，要采用如下三类主要解决措施。

（1）点到线

传统的制造过程中，哪个节点有问题，就解决该节点问题，却忽略了节点与节点之间的联系。产品制造需控制生产线上的流程，每个节点之间都存在着上下序的关系。所以，由点到线，将每个节点连接起来，在产品流程设计、工艺设计时，将生产线所有环节考虑到位。才能避免产品出现过程质量问题。

（2）线到面

传统的制造过程中，在排产阶段，每个产品生产线单独存在，产品与产品之间不存在交集，从而在实际生产中，会出现并行的产品线，导致产品之间、工序之间出现库存、浪费、等待等生产成本浪费情况。所以，需要在管控每条生产线的基础上，由线到面，全方位、全流程策划，并在虚拟环境下仿真、模拟产品设计质量、生产过程质量等。而且，要分析总结，建立专家系统，能够实现有依据设计、智能化设计产品工艺，从而实现高效率、高保证模式。

（3）面到体

在实施全方位、全流程策划等方法、改进措施后，为了能够在产品制造体系上实现生产流程的固化，产品策划、设计、模拟检验、制造一体化，共享铸钢提出了建立全流程虚拟制造系统，实现对"人脑"产品、"电脑"产品、"物理"产品所有过程的系统化。并且在系统建设中，配备专家系统、智能分析模拟系统、生产过程实时反馈控制系统等，建立起了一套完整的体系，从而实现了对制造过程问题的彻底解决。

3.2.1　六西格玛-DMADV 的引进

共享铸钢致力于研究如何提高产品质量以及生产效率，节省能源成本，减少浪费，所以在产品研发流程方面，引进了六西格玛管理方法中的 DMADV 流程设计思想。

DMADV 理论由五部分组成，具体包括定义（Define）、测量（Measure）、分析（Analyze）、设计（Design）和验证（Verify）。

DMADV 方法是一个用来解决目前没有流程或者流程能力严重不足而新建流程的问题的方法，如图 3-5 所示。

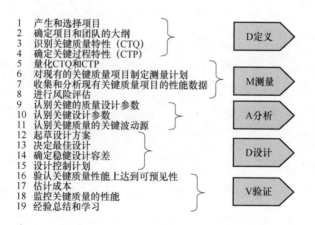

图 3-5　DMADV 流程

DMADV 方法主要包含以下五个阶段：

1）D（定义阶段）：其目标为确定新设计产品，新提供服务的 CTQ，通过QFD（质量功能展开）等方法获得。

2）M（测量阶段）：测量现有设计满足 CTQ 的潜在能力，在新产品设计时，测量阶段可能尚未有成型的设计方案。

3）A（分析阶段）：对测量结果进行分析，找到可能的关键影响因素 X。

4）D（设计阶段）：通过前面三个六西格玛管理 DMA 阶段，对客户要求及设计方案应具备的满足要求的能力已有较充分的认识，在设计阶段可结合以上信息展开设计。

5）V（验证阶段）：对设计结果进行全面试验和检测，对照定义阶段的客户要求，确认目标达成情况，如未达成，返回分析阶段重新开始，直至设计目标达成。

共享铸钢在应用 DMADV 创新方法研发产品过程中，主要做法如下文所述。

1）定义阶段，首先确认关键顾客需求，即对顾客的订单进行评估，将顾客对其订单的所有规范要求统一整理，明确出顾客对各个关键节点的具体要求，并逐一与共享铸钢内部生产能力标准进行比对，确定出顾客要求中的难点与关键点等。按照此工作需求，在产品研发流程中设置产品信息引入、顾客需求分析环节。从而确保在定义阶段完成顾客需求难点梳理等工作，明确后期改进点。

2）测量阶段，针对顾客需求梳理出的难点等，对公司内部各项数据进行测量。共享铸钢通过近几年的实际生产经验，将工艺设计过程、生产过程的各项数据分析整理，建立起共享铸钢产品研发知识库。在产品研发过程中，通过应用知识库查询，对顾客需求难点进行评估，测量出公司实际产品研发及生产过程中的所有数据。

3）分析阶段，通过对测量阶段梳理出的公司研发及生产过程中的各项数据进行分析总结，明确出顾客的关键需求，继而进行各个工艺方法策划以及工艺方案初步策划。方法策划过程中，首先对所应用的工艺确定需要用什么方法，如铸造工艺成型方法设计，可选择木模、消失模、金属模、3D 打印等方法。其次对所选用的方法进行成本评估，分析使用该方法成型时所产生的各项成本参数，如焊补率、出品率、成分参数、热处理方式等。从而在产品研发初期，通过方法策划，选择出最优质量和最优成本的工艺方法。确定工艺方法后，开展对产品各个工艺的初步方案设计。每个方案设计时，充分考虑关键顾客需求，并借助知识库以及历史产品设计经验，制定出最适合的工艺设计方案。

4）设计阶段，通过前面 DMA 三个阶段的工作，在设计阶段，共享铸钢主推智能虚拟设计过程。即通过近几年铸钢产品经验总结，制定出符合铸钢产品各工艺设计过程中的智能设计方法、步骤，实现工艺设计过程标准化、过程节点参数自动计算、历史产品自动引入等智能设计，从而减少人工出错、提高工艺设计效率等。工艺设计完成后，实行虚拟检验过程，即对虚拟设计完成的工艺，应用 MAGMA 等 CAE 模拟分析软件进行模拟分析，纠正过程错误，将设计阶段产生的问题提前解决，对产品质量、安全、效率、成本等方面均有所保障。虚拟检验完成后，在产品研发流程中设置虚拟制造环节，应用三维仿真软件等模拟分析产品的实际生产、操作过程，对产品实际的制造环节提前预测和设计检验，将模拟分析出来的问题提前解决，便于实际操作和产品质量的保证。

5）验证阶段，在完成虚拟设计、检验及制造环节后，共享铸钢在产品研发流程中设置了现场实时反馈环节。将工艺设计完成的参数、作业指导书等通过系统自动下发，现场实际生产中，严格按照指导文件进行操作，并实时反馈实际操作参数等至系统中，与设计参数进行比对。对不一致的情况立即叫停生产，并组织分析整改，从而保证了产品在实际操作中严格贯彻设计要求。

3.2.2 以 DMADV 为主导的产品研发流程——全流程虚拟制造

通过将 DMADV 创新方法融入产品研发过程中，共享铸钢对产品的研发流程进行了新的改进与调整。通过业务流程专业化分工、岗位再造，对现有工艺设计流程进行梳理，明确流程节点中存在的典型问题，重新规划了新的业务流程，强调了人员专业化和岗位专职化，强化了虚拟制造环节对工艺设计质量的有效管控，增加了工艺设计前的策划工作，将单人审核向多人评审转移，尽可能在设计阶段杜绝所有可能影响产品质量的因素。基于此，共享铸钢设计新的产品研发流程如图 3-6 所示。

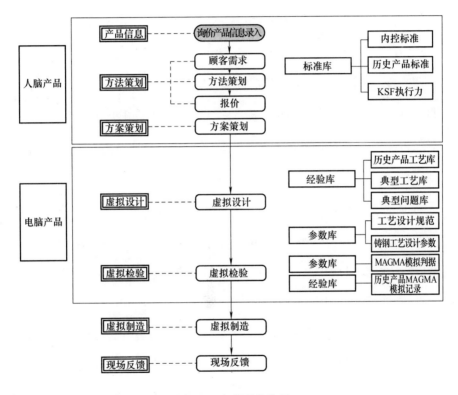

图 3-6 产品研发流程

为了实现产品研发流程的固化应用，并且将各类产品专家库、知识库融合进产品研发流程中，同时实现产品设计智能化，共享铸钢在以 DMADV 为主导的产品研发流程基础上，进一步提出了全流程虚拟制造设计理念，并且组织策划、编制了全流程虚拟制造系统。

1. 全流程虚拟制造的理念

在经济全球化、贸易自由化和社会信息化的新形势下，世界市场由过去传统的相对稳定逐步演变成具有动态多变的特征，由过去的局部竞争演变成全球范围内的竞争，同行业之间、跨行业之间的相互渗透、相互竞争日益激烈，因此制造业的经营战略发生了很大变化，TQCS（提供产品的时间 Time、产品的质量 Quality、产品的成本 Cost 和服务 Service）成为现代制造企业适应市场需求、提高竞争力的关键因素。与此同时，信息技术取得了迅速发展，特别是计算机技术、网络技术、信息处理技术等取得了人们意想不到的进步。

自 20 世纪 70 年代以来，CAD 技术是众多计算机应用技术中推广应用最为深入和最为广泛的专业应用领域之一，特别是在制造业中的影响力更为突出。20 世纪 80 年代初，以信息集成为核心的计算机集成制造系统（Computer Integrated Manufacturing System，CIMS）开始得到实施；80 年代末，以过程集成为核心的并行工程（Concurrent Engineering，CE）技术进一步提高了制造水平；进入 90 年代，先进制造技术进一步向更高水平发展，出现了虚拟制造、精益生产（Lean Production，LP）、敏捷制造（Agile Manufacturing，AM）、虚拟企业（Virtual Enterprise，VE）等新概念。尽管各种新的制造概念的侧重点不同，但都无一例外地强调了充分利用现代信息技术的成果。但是，当人们试图利用信息技术工具解决制造系统的问题时，必然会遇到制造系统和信息系统之间的"语义鸿沟"（Semantic Gap）。也就是说，必须解决如何用信息工具描述制造系统、处理制造活动，如何在信息世界完整地再现真实的制造系统等。虚拟制造是沟通信息系统与制造系统的桥梁，为沟通信息技术与制造系统间的"语义鸿沟"提供了有效的工具和环境，它能够提供给我们有效的制造系统及制造活动信息化方法，使制造系统的产品及其制造过程数字化，以便计算机系统处理。因此，在这些诸多新概念中，"虚拟制造"引起了人们的广泛关注，不仅在科技界，而且在企业界，已经成为研究和应用的热点之一。如图 3-7 所示，很形象地说明了在虚拟制造应用时，通过在电脑、设备等虚拟环境中优化产品设计，以及模拟产品制造过程问题并预先解决，从而达到制造出高质量、低成本等高效益产品的目的。

图 3-7　虚拟制造

　　虚拟制造是共享铸钢 KOCEL – TIDE（共享集团全面集成的数字化管理）的重要组织部分。共享铸钢虚拟制造是基于产品全三维协同工艺设计方法的应用，实现关键环节仿真分析，并建立统一的设计和制造一体化管理平台，实现产品和工艺信息的结构化、单一数据源管理，通过信息集成技术，实现关键生产制造过程的数字化控制。共享集团虚拟制造不仅局限于信息技术的应用，而且进一步延伸到了公司管理的创新，通过流程再造、组织再造、岗位再造，不断转变和优化传统的工艺设计流程，充分发挥"人脑 + 电脑"的作用，强化虚拟制造对产品质量的影响力和控制力。以产品为主线，建立企业核心知识库，支撑智能设计的应用研究，实现对标、方法策划、方案策划、虚拟设计、虚拟检验、虚拟制造及现场反馈的工艺设计全流程集成控制。另外，虚拟制造也作为支撑公司转型升级的突破点，与智能制造有效衔接，推动企业实现转型升级。

如图 3-8 所示为共享铸钢全流程虚拟制造架构图，以"人脑"产品、"电脑"产品以及"物理"产品三大产品为生产流程主线。在"人脑"产品中，以基于公司标准库、专家库、知识库以及典型工艺库等为评判依据的产品策划工作为主，运用所有评判依据，在产品设计初期，策划、分析所有过程难点，并找出理想的解决措施，构建无缺陷、质量完美的"人脑"产品。"电脑"产品包含虚拟设计、仿真分析、虚拟检验等环节，主要以 PLM 系统平台为基础，实现数据规范化管理和工艺协同设计，配合最佳的仿真分析工具实现关键节点的虚拟设计、关键制造环节仿真分析、虚拟检验，将策划方案转化为可执行的工艺方案，并充分检验其合理性。"物理"产品，以智能体为核心制造体系，将通过"人脑"产品以及"电脑"产品阶段设计出的设计数据、制造参数等输入至智能体制造系统，由智能体控制现场生产设备，从而实现设计数据准确无误传递至实际产品生产过程中，保证了产品制造严格按照设计执行的准确性。

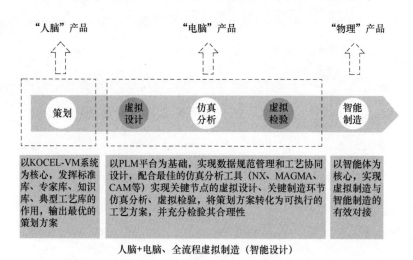

图 3-8　全流程虚拟制造架构图

2. 全流程虚拟制造的主要内容

共享铸钢推进全流程虚拟制造，是经过对企业转型升级战略方向慎重考虑后才实施的。在推广应用过程中，主要有以下几个阶段，如图 3-9 所示。

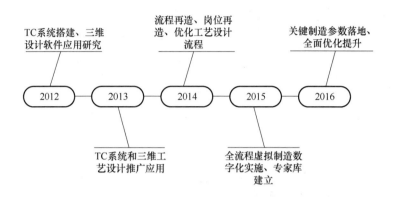

图 3-9 全流程虚拟制造实施过程

注：TC-Team Center。

共享铸钢公司在 2012 年，开始研究全流程虚拟制造应用，通过研究 PLM 系统、NX 三维应用等，建立起全流程虚拟制造研究项目。2013 年，公司全面推进 PLM 系统以及三维工艺设计的应用与实施。2014 年，公司主抓转型升级，通过流程再造、岗位再造，优化工艺设计流程。2015 年，公司自主建立全流程虚拟制造系统平台，通过建立专家库等优化工艺设计。2016 年，对产品制造过程关键参数优化改进，通过参数化智能设计及现场控制，全面优化设计、制造过程。

在图 3-10 中，也可以看出全流程虚拟制造以产品为主线的发展过程中，主要包含三个阶段。第一阶段为应用 UG NX、MAGMA 等软件实现基于三维模型的工艺设计和仿真分析；第二阶段为应用 TC 系统实现基于 PLM 系统的数据规范管理；第三阶段为应用自主开发的全流程虚拟制造系统实现工艺设计全流程集成控制，支撑智能设计的应用研究，并与智能制造有效衔接。

以产品为主线　核心知识库

01　应用NX、MAGMA等软件实现基于三维模型的工艺设计和仿真分析

02　应用TC系统实现基于PLM系统的数据规范管理，主要管理文档类数据并支持部分系统集成应用

03　应用自主开发的全流程虚拟制造系统实现工艺设计全流程集成控制，支撑智能设计的应用研究，并与智能制造有效衔接

图3-10　全流程虚拟制造系统阶段划分

3. 全流程虚拟制造系统建设

（1）系统建设的目的

共享铸钢通过创新方法融入产品研发应用，总结产品研发经验，结合创新方法流程设计，提出了建设全流程虚拟制造系统平台。通过建设该平台，实现下列目的：

1）实现产品研发的系统化应用，在系统中，实现产品信息梳理、难点策划、方法策划、方案策划、虚拟设计、后序验证反馈等。

2）将为从事铸造行业的专业技术人员提供铸造全流程虚拟制造平台，融合共享铸钢多年的铸造经验，将行业已形成的标准库、专家库、知识库和典型工艺库以软件运营的模式面向铸造行业提供服务。

3）基于平台企业所开展的铸造工艺设计的各种信息，通过科学的统计、分析、数据挖掘、大数据分析等，实现总结、提炼铸造工艺的功能，不断丰富完善专家知识库，实现产品设计与研发流程的创新，形成专家库可共享，需求可众包，创客间可协作、可学习的新型模式。

（2）系统建设过程

为了将全流程虚拟制造技术应用并推广使用，公司组建了全流程虚拟制造系统平台。系统平台框架如图 3-11 所示，主要包含 PLM 系统、专家系统、各个模块智能制造系统以及集成的公司其他系统。本平台基于全流程虚拟制造的理念，开发以产品为主线，三大应用领域协同创新的全套解决方案，包括基于三维模型的工艺设计及仿真分析、基于 PLM 系统的数据管理及协同设计、基于自主开发平台的全流程集成控制等建设内容。全流程虚拟系统为企业实现创新驱动的转型提供了一个充分开放、共享、协作的平台。

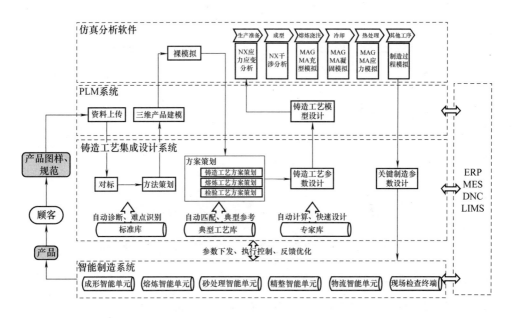

图 3-11　全流程虚拟制造平台框架

1）基于三维模型的工艺设计及仿真分析。本平台将重点围绕先进的设计和仿真软件的综合应用，详细分析产品设计与研发的各个环节，形成各环节设计和仿真软件的应用规范，充分发挥不同方法和工具的优势，建立一套完整的综合应用模式。如图 3-12 所示，应用 NX、CAD 工具，将顾客提供的二维图转化为三维实体模型，为后序提供唯一数据源。随后在工艺设计中，应用三维工具软件、全生命周期管理系统等，建立完善的三维工艺设计规范，以及应用 CAE 分析技术模拟分析工艺设计的准确性，并优化设计，提供更加精确的工艺设计。

图 3-12　基于三维模型的工艺设计及仿真分析框架

2）基于 PLM 系统的数据管理及协同设计。为支撑三维设计和仿真工具的综合应用，本平台还将重点研究以 PLM 系统为核心，以信息系统集成应用为补充，实现企业数据规范管理和工艺协同设计的创新方法，建立设计与制造一体化平台建设的基础框架、关键技术、业务流程和实施管理方法，为平台企业搭建满足自身需求的 PLM 系统提供经验交流、专家指导、远程诊断等服务。具体建设内容包括：

① 数据规范管理。由于大部分铸造企业不进行独立的产品设计，因此数据管理的源头是顾客提供的图样和规范，进一步延伸至公司内部的工艺文件、质量文件以及其他附加文件（物料 BOM、工艺路线等）。本项目主要实施以下内容：一是在标准的人员结构基础上，通过严格的权限控制避免数据共享造成的恶意篡改、数据冲突等现象；二是结合 PLM 系统的数据管理模式，将传统的以命名区分版本的形式进一步转化，实现数据版本的规范管理，避免数据交叉使

用导致的应用问题；三是利用 PLM 系统为各类数据进行属性定义，再配合查询规则的应用，使得数据查询更加快速、高效、准确；四是打破传统的审批方式受时间和空间的双重限制，提高工艺审批的效率，减少工艺设计在整个产品生命周期的时间消耗。

② 工艺协同设计。铸造过程在工艺设计阶段，涉及多个领域的协作，其中包括模具制作、造型工艺、熔炼工艺、热处理工艺、抛丸工艺、清理工艺以及加工工艺等。不同领域之间的数据共享、信息传递以及相互影响，是影响整个铸造过程工艺设计质量的重要因素。共享铸钢公司在研究 PLM 系统管理静态的产品结构和数据的同时，进一步开发了动态的产品设计流程管理。以铸件产品为中心，建立全套的工艺解决方案，由不同专业领域的设计人员在相应的模块下完成协同工作，保证工艺信息的准确、及时传递，实现不同工艺之间的有效关联和影响分析。通过工艺协同设计管理，提高企业研发创新能力，为技术研发提供强有力的保障。

③ 多个异构系统的集成创新应用。本平台能够充分发挥各类信息系统的优势，研究各类信息系统的集成应用方法，以数据为核心，提供 PLM 系统与 ERP、MES、LIMS 及现场 MIS 等信息化系统的集成接口，实现关键数据的自动获取。

以 PLM 系统与 ERP 系统的集成为例，PLM 系统与 ERP 系统是企业基础数据管理的两大核心平台，因此二者之间的数据联系也最为紧密。平台建设关注的 PLM 系统与 ERP 系统的集成主要包括两方面，一方面是将 ERP 系统的产品信息自动与 PLM 系统进行关联，以保证内部产品信息的唯一性和准确性；另一方面是将产品在工艺设计过程中产生的物料 BOM 和工艺路线传递到 ERP 系统，实现产品设计向产品制造的过渡，并严格控制生产制造过程的有序开展。

3）基于自主开发平台的全流程集成控制。在公司提出的产品研发流程的基础上，进一步分析各个流程环节的实际应用需求，分析并设计相关需求实现方案，搭建全面开放、协同、高效的虚拟制造服务平台。依据铸件工艺设计的基本流程和要求，提供对标、方法策划、方案策划、虚拟设计、虚拟检验、虚拟制造六大节点的技术服务，建立单项、综合及定制化的多种服务模式。通过在铸造行业推广应用，汇集先进的铸造工艺设计理念、方法和技术，缩短平台企业的新产品研发周期，保证新产品研发质量，全面支撑平台企业实现产品研发创新。其主要服务模块包括：

① 对标服务。建立完善的铸造工艺设计标准库，覆盖国外标准、国家标准及行业标准。通过开放的数据接口，允许企业自主地上传本企业标准及参考、引用其他企业标准，实现充分的标准共享。通过对标服务，实现新产品技术难点的有效识别，为平台企业提供技术交流，集众智解决关键问题。

② 方法策划服务。汇集先进的铸造技术和方法，依据新产品的技术难点，为平台企业提供最优的工艺方法策划，支持平台企业间协同设计、协同制造及资源共享。

③ 方案策划服务。为平台企业提供产品质量跟踪服务，并在此基础上总结、归纳形成不同产品类型、不同工艺方法、不同区域企业的典型工艺库。在提供方案策划服务的过程中，通过典型工艺库的自动推荐，实现工艺设计效率的大幅度提高。

④ 虚拟设计服务。建立完善的、标准的虚拟设计流程，严格控制每个节点的设计内容，为企业提供自动匹配、自动计算、自动判断等技术服务。降低工艺设计出错的可能性，减少人为因素对工艺设计质量的影响。

⑤ 虚拟检验服务。提供 MAGMA 仿真模拟、UG NX 力学分析及虚拟划线服务，实现从多个维度检验工艺设计的合理性，为平台企业出具规范的检验报告及相应的改进建议。

⑥ 虚拟制造服务。汇集平台企业的生产制造信息并进行综合分析，提供将

工艺设计方案转化为可执行的制造方案的服务。从生产、质量、成本、设备、绿色、人员等多个维度综合定义产品制造过程的关键控制参数，通过与智能制造的有效衔接，实现工艺设计方案的严格落实。

⑦ 专家库查询服务。基于大数据技术的应用，对以上六类服务的数据进行综合分析、归纳、提炼，形成包括标准库、典型工艺库、典型问题库在内的核心专家库，一方面支撑智能设计的不断深入，另一方面为平台企业提供专家库查询服务，实现充分的数据共享。

3.3　创新方法在研发中的实际应用案例

3.3.1　铸造工艺应用案例

目前，共享铸钢公司已经全面推广及应用了全流程虚拟制造系统。通过应用该系统，能够高效率完成产品策划、难点分析、设计与制造一体化制造过程。如图 3-13 所示为系统界面。

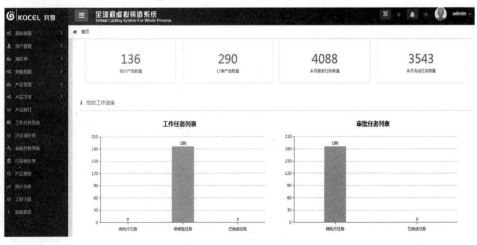

图 3-13　全流程虚拟制造系统

下面以具体应用为例。

1. 登录系统，接收工作任务

技术人员进入系统后，可以查看自己的工作任务。查看工作任务的同时，还可以跟踪任务运行进度，快速、准确定位新产品研发进度。通过在系统平台中开展各项计划任务，有效地解决了无计划、无规划的混乱工作模式。所有任务计划，依据生产 MES 系统排产，计划分解到产品制造流程各个节点，每个节点具体到各个责任人。配备量化机制，实现计划任务有序开展。工作任务列表以及任务进度如图 3-14 所示。

a) 工作任务列表

b) 任务进度

图 3-14 工作任务列表以及任务进度

2. 对标及难点识别

对标及难点识别过程，主要是依据国家标准以及企业自己的执行标准，针对顾客规范梳理出顾客所有技术、质量要求。针对顾客要求，评估企业的生产能力，精准定位难点。如图 3-15 所示，具体的内容如下所示。

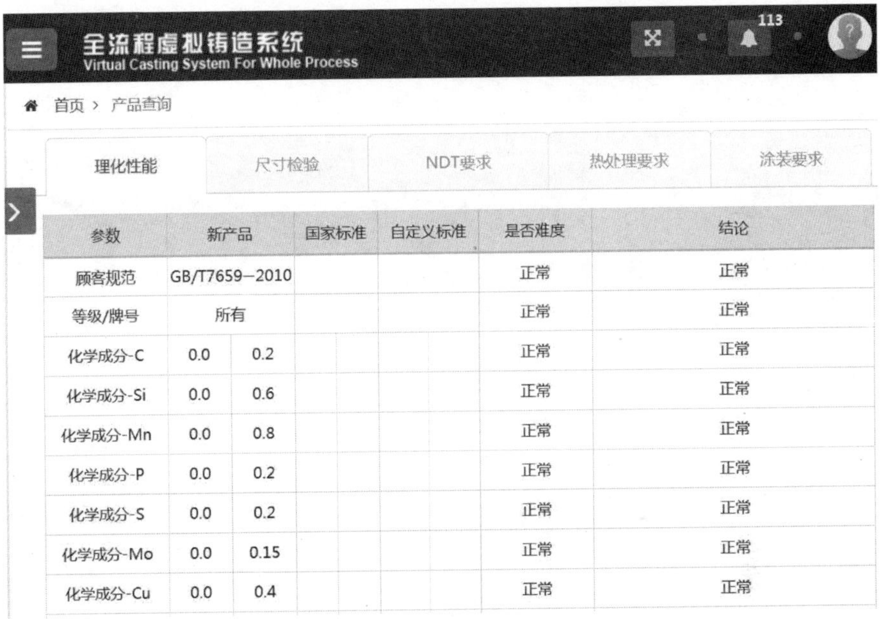

参数	新产品		国家标准		自定义标准		是否难度	结论
顾客规范	GB/T7659—2010						正常	正常
等级/牌号	所有						正常	正常
化学成分-C	0.0	0.2					正常	正常
化学成分-Si	0.0	0.6					正常	正常
化学成分-Mn	0.0	0.8					正常	正常
化学成分-P	0.0	0.2					正常	正常
化学成分-S	0.0	0.2					正常	正常
化学成分-Mo	0.0	0.15					正常	正常
化学成分-Cu	0.0	0.4					正常	正常

图 3-15 对标及难点识别

1）将顾客标准由文本转化为数据，通过选择材质、材质牌号等，系统自动从后台参数库匹配合适的成分参数、性能参数等，并且对应出该材质的国家标准和企业自定义标准，通过与标准的对比，自动识别新产品存在的难点等。

2）对于识别出的难点等，可以继续由下序节点分析改进，制定出解决措施。

3）通过难点识别过程，不仅能够分析出顾客的明确要求，同时也能够检验企业自己的执行能力。通过不断提高自己的执行能力，也能挖掘更多更广泛的顾客资源，提高行业生产水平。

3. 方法策划

方法策划模块，如图 3-16 所示，是对产品从材质、铸造、熔炼、热处理、焊接、NDT 检测以及尺寸等方面，依据难点识别过程中梳理出的顾客要求等难点，从质量、成本、效率以及可操作性等方面分析并制定出具体的工艺方法。并且在方法策划阶段，可以依据所选用的工艺方法，预估出产品的成本参数，如模型费用、出品率、焊补率、砂铁比、成分参数、热处理方法、熔炼方法、焊接参数等。汇总所有成本参数，可以计算产品制造成本，便于产品询报价。

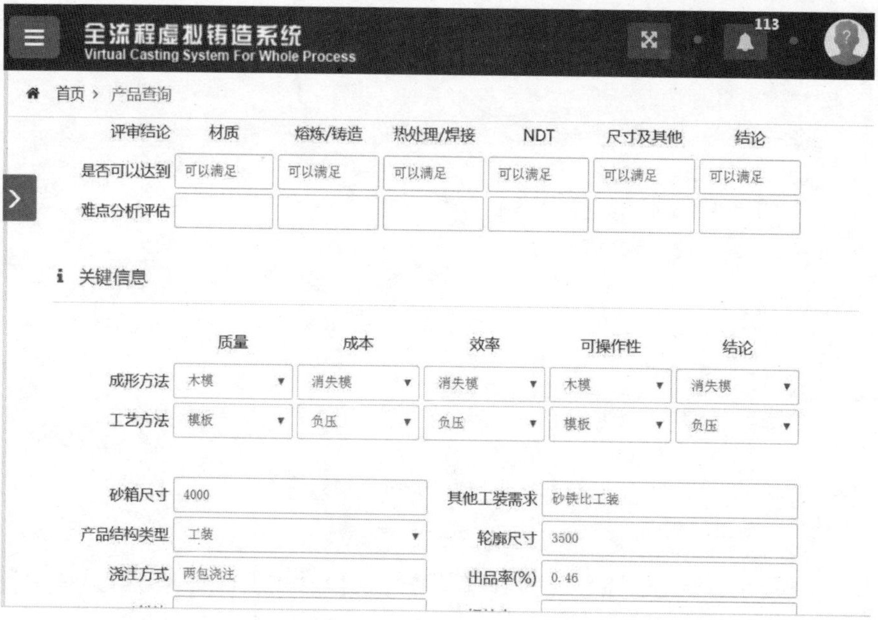

图 3-16　方法策划

4. 方案策划

利用产品类别、材质、产品型号、结构特点等，从系统专家库中自动匹配同类型的典型历史产品、典型工艺，基于焊补率、出品率等指标自动推荐类似产品的最佳工艺，并结合公司总结的典型问题库，指导工艺员快速进行方案策划，如图 3-17 所示。

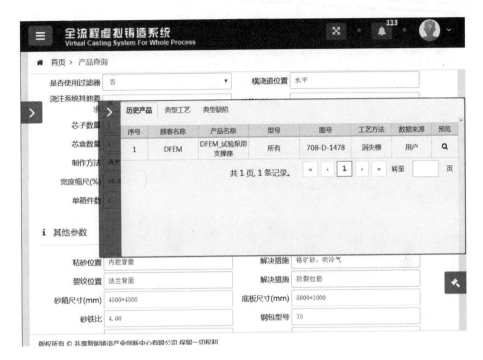

图 3-17　方案策划

5. 虚拟设计

铸钢件工艺设计分为铸造工艺、熔炼工艺、打箱工艺、热处理工艺、焊接工艺等。以铸造工艺设计为例说明该过程：将铸造工艺设计划分为标准步骤，分别为设计加工量、设计砂型砂芯、设计浇注系统、设计冒口、设计工装和核算成本。虚拟设计过程中，各个环节中最大化减少人工录入，将一部分数据输入转化为选择列表，另一部分数据输入通过后台参数库自动计算或自动匹配产生，如图 3-18 所示。

1) 设计加工量。依据顾客给出的铸造公差等级，确定非加工面贴量，并依据加工面设计原则，自动推荐加工面贴量等。并且依据产品类别、结构特点等，自动推荐模型缩尺设计。从而确保在设计过程中，给出最合理的产品贴量设计。

2) 设计砂型砂芯。依据砂型砂芯设计原则，按照产品结构特点，后台自动推荐同类产品砂芯砂型设计，可通过选择或者修改，确定最优方案。

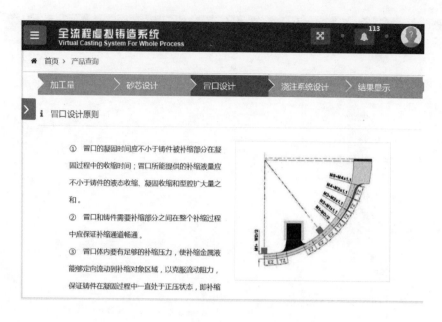

图 3-18　虚拟设计

3）设计浇注系统。在系统中，通过应用浇注系统智能化设计方案，根据浇注重量，自动计算出符合要求的内浇口型号、直浇口型号、浇注速度和浇注时间等。并且在此基础上，确定钢包型号、水口大小等浇注关键参数。再按照典型产品浇注系统铺设方法，给出推荐的浇注系统铺设方式。

4）设计冒口。依据模数计算公式 M = 体积/散热面积，拓展并总结出铸件模数计算方法，在系统中，智能化计算铸件特定位置模数。并依据补缩梯度设计原则，自动给出冒口模数、冒口型号及冒口高度等。同时，计算得出冒口补缩液量以及冒口总体设计布局等。另外，在冒口设计方面，应用典型产品工艺库，实现同类产品自动推荐，有效提高设计效率和设计质量。

5）设计工装。铸钢件产品种类较多，产品结构多元化。在铸造生产中，需要注意产品出现质量状况的情况，如铸件变形、铸件开裂等。在设计过程中，需要提前考虑产品所需辅助工装并设计到位。另外，为降低产品铸造成本，也需要设计相应的降成本工装，如砂铁比工装等。在系统中，通过分析产品难点，自动推荐典型产品工艺，设计符合所生产产品的最有效工装。

6）物料统计及成本核算。对产品进行全流程虚拟设计完成后，生产该产品所需的物料 BOM 就可全部统计形成了。然后下发现场，按照物料 BOM 准备所需原材料等，实现物料等精准控制，杜绝成本浪费。另外，通过相应的价格统计，系统自动计算出生产成本。对于生产成本过高的，可以进行工艺设计方案的再优化，确定最优的质量和成本方案。生产成本计算如图 3-19 所示。

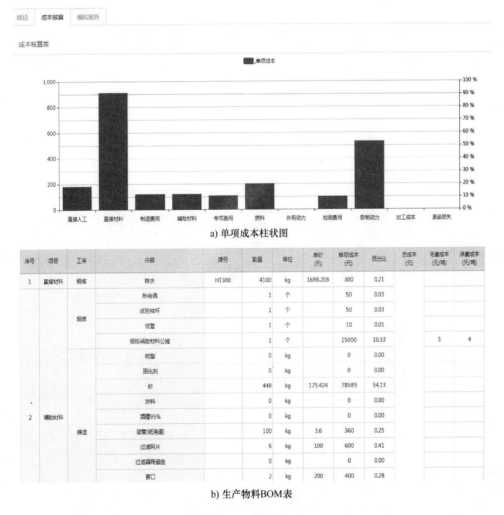

a) 单项成本柱状图

序号	项目	工序	内容	牌号	数量	单位	单价（元）	单项成本（元）	百分比	总成本（元）	毛重成本（元/吨）	净重成本（元/吨）
1	直接材料	熔炼	铁水	HT300	4100	kg	1698.208	300	0.21			
		熔炼	热电偶		1	个		50	0.03			
			试验样杯		1	个		50	0.03			
			纸管		1	个		10	0.01			
			熔炼辅助材料公摊		1	个		15000	10.33		3	4
			树脂		0	kg		0	0.00			
			固化剂		0	kg		0	0.00			
			砂		448	kg	175.424	78589	54.13			
			涂料		0	kg		0	0.00			
2	辅助材料	铸造	酒精95%		0	kg		0	0.00			
			瓷管(纸浇道)		100	kg	3.6	360	0.25			
			过滤网片		6	kg	100	600	0.41			
			过滤器陶瓷座		0	kg		0	0.00			
			冒口		2	kg	200	400	0.28			

b) 生产物料BOM表

图 3-19 生产成本计算

6. 虚拟检验

铸造工艺虚拟设计完成后，通过应用智能化模拟分析软件 MAGMA，对铸造工艺进行模数分析、热节模拟、凝固补缩、应力分析、充型模拟等标准化仿真检验过程。依据虚拟检验标准，自动识别产品类型并调用不同的判据。判据由企业经过较长时间反复验证后分析总结制定，可根据不同材质、不同结构等选择相应的判据，确保虚拟设计阶段工艺的合理性，最大化地提高产品设计质量，降低后序缺陷出现频次，节省后序人力、物力开支等。经过验证合格后的产品，在系统中应用标准化的模拟报告管理流程可建立模拟报告。虚拟检验如图 3-20 所示。

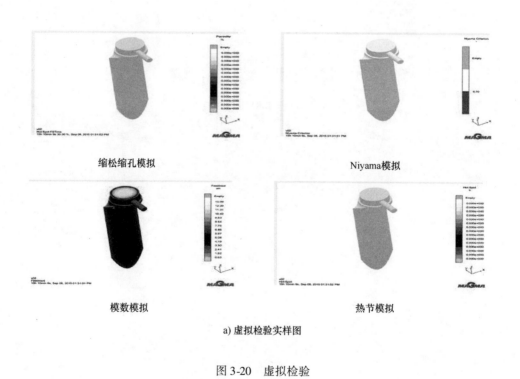

缩松缩孔模拟　　　　　　　　　　　　　Niyama模拟

模数模拟　　　　　　　　　　　　　　　热节模拟

a) 虚拟检验实样图

图 3-20　虚拟检验

b) 虚拟检验表

图 3-20　虚拟检验（续）

7. 虚拟制造

工艺虚拟设计完成后，按照现场执行的生产工序需求，由系统自动统计并出具工艺设计参数表，工艺人员在系统中对各个工序，按照工序作业要求，制定现场作业指导书，同时梳理现场相关工序的控制参数及注意事项，通过系统下发参数或作业指导书，指导现场有效执行，并作为现场反馈的依据，如图 3-21 所示。

8. 现场质量反馈

基于移动终端应用，开发现场反馈 APP，实现制造过程的实时反馈和监控。主要有两方面用途：产品质量的事后跟踪和分析；过程质量的实时管控，出现问题必须及时纠正，如图 3-22 所示。将反馈信息与工艺设计信息以及工序关键控制参数等进行比对，针对异常情况进行实时分析，分析结果经过验证，用来纠正设计参数。通过现场反馈，最终实现设计参数固化等。

图 3-21 虚拟制造

图 3-22 质量反馈

3.3.2 应用 TRIZ 工具解决产品研发过程问题

TRIZ 理论是数百万项专利研制过程中规律的总结和凝练，是一整套体系化的、实用的解决发明问题的理论方法体系，是激发和培养普通人创新能力的有效方法。

TRIZ 创新方法的推广应用，对于员工跳出思维定式、开发创新思维起到了较为明显的作用。技术创新方法是企业获得自主知识产品和加快科技成果转化的润滑剂，如果说技术创新是提高企业的技术水平和产品创新能力的重要途径，是提高企业竞争力的必要手段，那么技术创新方法就是实现这个重要途径的必要手段和方法。TRIZ 创新工具在解决产品设计过程中出现的问题时，应用发明原理、分离原理、矛盾矩阵、功能模型等方法，有效性相对于六西格玛方法显著提高，从而在产品研发过程中，对具体的技术难题的攻克起到了较明显的帮助。六西格玛与 TRIZ 应用有效性对比如图 3-23 所示。

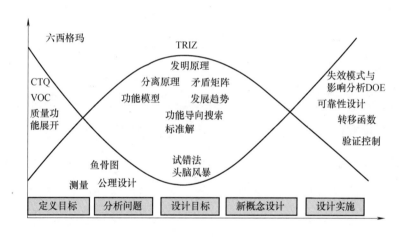

图 3-23　六西格玛与 TRIZ 应用有效性对比

近几年，共享铸钢开始大力推广 TRIZ 创新方法的应用。在涉及到的生产问题、设备问题、技术难题等方面，通过开展 TRIZ 创新方法，实施创新项目，能够迅速分析问题根本原因，并解决问题。TRIZ 方法解决技术难题的解题流程如图 3-24 所示，首先将技术问题转化为 TRIZ 问题模型，再应用 TRIZ 工具，找到解决方案模型，最后将解决方案模型具体化，寻找出最终解决方案。

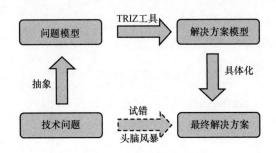

图 3-24　TRIZ 方法解题流程

在实际应用中，对于技术问题或者设备问题等，通过开展一系列 TRIZ 工具，最终均能找到适合的解决办法。对具体所用 TRIZ 工具介绍如下。

1. 创新思维方法

TRIZ 理论提供了如何系统分析问题的科学方法，包含九屏幕法、最终理想解法、小人法、金鱼法以及 STC 算子等。我们企业在日常分析问题时，经常用到九屏幕法和最终理想解法。

其中，九屏幕法由技术系统、子系统、超系统以及这三个系统的过去和未来组成九个屏幕。例如运用九屏幕法，我们分析型砂出气系统中出现的出气不畅、铸件表面产生气孔等问题，先从型砂出气技术系统本身出发，考虑可利用的资源，包含砂型、树脂、固化剂、出气绳等，然后考虑技术系统中的子系统和系统所在的超系统中的资源，芯骨、砂箱、钢水、环境温度等。再通过考虑系统的过去和未来，找到型砂出气系统的所有可用资源。通过资源分析，找出解决办法。

最终理想解法，是在解决问题之初，先抛开各种限制条件，针对问题情境，设立各种理想模型，即用最优模型结构来分析问题，并以取得最终理想结果为终极追求目标。例如，我们在解决车间除尘设备除尘问题时，设定最理想的结果是除尘效果完美，成本较低，鉴于这种理想结果，最终一步步反推出解决方案，改造除尘设备、优化车间排气系统等。

2. 技术系统进化法则

TRIZ 理论拥有八大进化法则，分别为完备性法则、能量传递法则、协调性法则、提高理想度法则、子系统不均衡法则、向超系统进化法则、向微观级进化法则、动态性进化法则。其核心为提高理想度法则，其余七个法则都是围绕提高理想度服务的。在实际应用中，我们运用八大进化法则，评估所需解决的系统，并依据解决原理提出具体解决措施。

3. 技术矛盾和物理矛盾

在 TRIZ 实际应用中，共享铸钢公司将技术矛盾和物理矛盾理论广泛地在解决设备问题进行了应用。例如在解决钢包滑动水口系统中，通过定义技术矛盾和物理矛盾，分析出滑动水口上滑板与下滑板之间由于制造精度存在间隙，导致滑动水口容易泄漏钢水。通过定义 39 项工程参数，运用 40 个创新原则，最终找到改进滑动水口系统的方法，如添加耐火泥、改善滑动水口结构等。

4. 创新问题标准解法

对技术问题以及工程设备问题，需要经常构造物场模型。通过引入 76 种标准解，完成方案解决。例如在运用 TRIZ 工具解决树脂砂刮砂成型过程中的表面质量问题时，建立了由树脂砂、刮板以及机械场组成的物场模型。进行问题分析后确定该物场属于效应不足的完整模型，通过应用 76 个标准解，引入新的物质和场，加强现有的场作用。最终确定方案，刮板内侧制作圆柱形滚轮，在刮板与树脂砂接触前，滚轮先对树脂砂进行压制。经过此方法探索，成功地解决了树脂砂刮砂成型过程中的表面质量问题。

3.4 创新方法在研发中的应用效果

共享铸钢通过在产品研发以及工程设备、技术问题方面应用创新方法，取得了效果明显。从产品质量、研发效率、产品生产效率、成本降低以及问题有效根治方面，均已经取得了跨越式进步。通过创新方法的不断使用，对于产品研发、工程设备问题以及典型技术问题的解决，找到了一条新的、高效的、有用的解决之路。

如图 3-25 为公司 2016 年焊补率与 2015 年对比。除汽机受典型件影响，焊补率增长之外，其余燃机、水电、矿机产品焊补率较 2015 年分别降低了 5%、52.6%、7.5%。

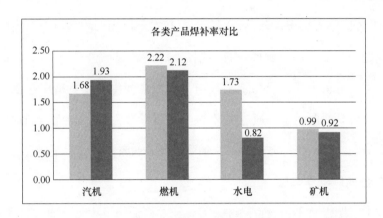

图 3-25　各类产品焊补率对比

2017 年，公司在创新方面对产品成型费用进行改进降低。通过运用 DMADV 设计思想，开展全流程虚拟制造，优化产品设计流程，主抓产品设计前策划、虚拟设计等过程，在局部开展 TRIZ 创新方法攻克技术难关，使得公司 2017 年吨铸件平均成型费低至 3491 元，相比 2016 年，吨铸件成型费下降 52%，如图 3-26 所示。

在新产品研发效率提升方面，在人员减少的情况下，2017 年月均设计新产品数量 14.6 个，相比 2016 年月均 9.3 个，效率提升 57%，如图 3-27 所示。

在应用 TRIZ 解决砂芯出气系统气体含量项目中，通过项目实施对最终方案进行连续三个月的试验，铸件因气孔导致的焊补率由 $0.32 dm^3/t$ 将至 $0.08 dm^3/t$，

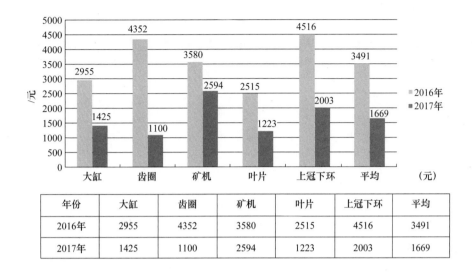

年份	大缸	齿圈	矿机	叶片	上冠下环	平均
2016年	2955	4352	3580	2515	4516	3491
2017年	1425	1100	2594	1223	2003	1669

图 3-26   吨铸件成本

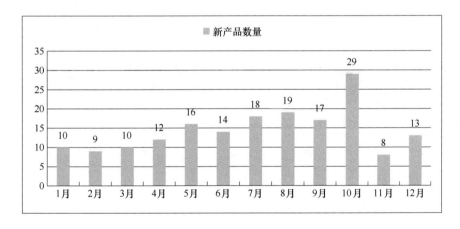

图 3-27   新产品设计数量

砂芯的出气效果改进非常明显，杜绝浇注呛火事故，减少了铸件缺陷，每年为公司带来约 50 万元的经济收益。

在应用 TRIZ 解决除尘布袋清灰项目中，通过项目实施，对运行状态和环境数据进行统计，效果明显，除尘布袋寿命由原来的 1 年延长到 2 年，除尘布袋表面积灰清理效果明显提升。实施后半年内，在增加除尘布袋寿命和保护环境方

89

面，获得经济效益近 10 万元。

在应用 TRIZ 解决提高 VOD 炉除尘滤灰量项目中，通过项目实施，对运行状态和质量数据进行统计，效果明显，滤灰量由原来的每 6 炉一桶减少到每 3 炉一桶，系统循环水池污染明显减少，设备效率明显好转。项目提高除尘效果，降低循环水的污染程度，降低工人劳动强度，减少设备停机时间，按照全年减少影响 20 次计算，可以节约成本 100 多万元。

第4章

TOC和LEAN在生产管理中的融合与应用

彭　凡　罗永建　王立苍　李文辉

　　TOC——约束理论，在制造型企业中的应用主要是围绕五步法找到瓶颈、解决瓶颈，最终实现提高有效产出、降低库存及营运费用的目的。 Lean——精益思想，主要通过拉式计划、6S、值流图等工具，找到企业的浪费，消灭企业的浪费。 TOC 理论与 Lean 思想始终以满足客户需求为第一要务，当不能满足客户需求时，宏观上以约束理论管理生产环节的瓶颈，微观上以精益思想去指导具体的针对性改善；当可以满足客户需求时，坚持精益思想，以价值流图分析为基本工具，实施持续改善。 本章节主要在研究 TOC 理论和 Lean 思想基础上创新性地提出了 "高速路" 式生产管理模式，同时在精益 6S 和5M1E 理论研究基础上，创新性地提出了"外科手术室"式的现场管理，对标寻找浪费，解决在制库存高及生产效率低的问题。

4.1　企业生产管理现状分析

对于制造业企业来说，生产管理是核心，生产管理的好坏直接影响了公司的效益，影响了公司的发展。企业以满足客户需求为目标，当产品制造不及时出现订单交付拖期，或者交付的质量出现问题时，必将导致顾客抱怨，进而影响企业与该顾客的合作，如果顾客抱怨长期得不到解决，甚至会导致企业在行业内没有订单、没有市场。生产出现拖期主要原因是产品生产周期过长，产品在生产组织过程中出现了停滞，进而导致在制及库存积压；而现有的在制及库存积压也会导致正常生产的产品排队待生产，形成新的在制库存，恶性循环的结果导致在制库存一直存在，生产周期一直很长，订单交期一直拖期。

因此在制库存管理水平的高低直接决定了一个企业的命脉，企业在制库存居高不下的原因主要是由于供应、计划、生产与销售之间不协调，在产品生产流通过程中，经常出现进得多、出得少，生产周期增长，这样就形成了在制库存积压。加上企业工序之间的产品需求信息不准确，同时又缺少信息交流与共享，生产管理人员无法掌握生产下序的真正需求情况和上序的供货能力，供应链上无法实现在制库存互通有无和转运调拨，只好工序多存储货物，最终导致各工序持有高额在制库存。

在制库存管理不仅影响着供应链上企业的综合成本效益，而且也制约着整条供应链的周转效率。有效的在制库存管理方法能够缩短库存信息流转时间，使企业的物料管理层次分明、有序，并为采购、生产和销售提供依据。因此完善的在制库存管理功能，不仅能够对企业的在制及库存进行全面的控制和管理，以降低在制库存成本，支持企业快速准确决策，增强企业的市场竞争力；同时也是目前一些先进制造和管理模式成功实施的保证。制造企业突破在制及库存管理瓶颈在于提高预测准确性、降低生产周期与增强供应链流通速度三者的融合互动。真正的在制库存管理应该体现在在制库存的计划与风险管理之中，而不是通常所说的"仓库管理"。

在解决企业生产周期长，在制及库存高的问题上，TOC 理论及 LEAN 思想提供了很好的解决工具，两种理论在生产管理目标上是相同的，都提倡调高效率、消灭浪费。精益生产是以消除浪费为目的，视库存为最大的浪费，通过降低库存，继而提高存货周转率，提升产品质量，降低成本；与之类似，TOC 约束理论消除约束只是手段和方法，最终的目的是提高有效产出，降低库存和运行费用。

TOC 约束理论把企业看成一个完整的系统，从整体运营的角度来设定经营目标，而不是各部门各自为政。首先识别约束瓶颈，之后从约束环节入手，消除、控制、协调约束的相关资源，最大化地提高约束的利用率，以达到提高有效产出，降低库存和运行费用的目的。高德拉特在 1984 年出版的管理小说《目标（The Goal）》中，第一次系统地阐述了约束理论。该书深入浅出，描述的问题具有普遍性，引起了管理者的共鸣。至 20 世纪 90 年代，约束理论逐渐完善，形成了理念与工具结合的管理体系，并且该理论得到了美国生产与库存控制管理协会（APICS）的认可。

精益生产方式即丰田生产方式（Toyota Production System），是丰田生产方式的美国化称呼。在精益生产理论中，以消除浪费为目的，"在必需的时候，仅按必需的数量，生产所必需的产品"是根本原则，准时化生产（Just in time）和自働化是两大支柱，改善活动贯穿始终。

4.2 TOC 理论与 LEAN 思想创新性融合——"高速路"式生产管理模式

中国交通部《公路工程技术标准》中定义，高速公路是指"能适应年平均昼夜小客车交通量为 25000 辆以上、专供汽车分道高速行驶、并全部控制出入的公路"。高速公路实景图如图 4-1 所示。

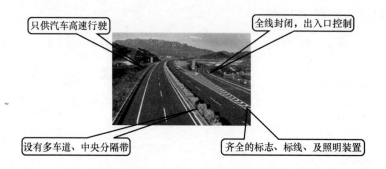

图 4-1　高速公路实景图

通过高速公路与普通公路基础设施对比（表 4-1），可以看出高速公路比普通公路有如下优势。

表 4-1　高速公路与普通公路基础设施对比表

基 础 设 施	高 速 公 路	普 通 公 路
红绿灯	无	有
人行道	无	有
交叉路口	无	有
中央分隔带	全程有	局部有

1）通行能力大、运输效率高；

2）运行速度快，运输时间短；

3）运输成本低；

4）交通事故少，行车安全性强。

产品犹如公路上的汽车，企业怎么才能缩短生产周期，降低在制库存，结合 TOC 约束理论中的五步法、DBR 法，LEAN 精益思想中拉式计划/价值流分析，共享铸钢公司创新性地提出了"高速公路"式生产管理模式，其宗旨是使产品犹如汽车在高速公路上行驶一样低成本、高效、快速、不停滞式的生产。

下面，我们来介绍如何结合 TOC 约束理论和 LEAN 精益思想打造"高速公路"式生产管理模式，如图 4-2 所示。

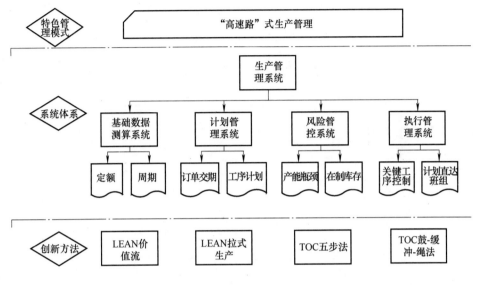

图 4-2　"高速公路"式生产管理模式架构图

通过图 4-2 可以看出，"高速公路"式生产管理模式由基础数据测算管理、计划管理、风险管控、执行管控四部分构成，每一部分都结合 TOC 理论或者 LEAN 思想建立了对应的系统。

4.2.1　动态数据测算系统

"高速公路"式生产管理模式的基础是生产基础数据（定额和周期）准确，为了确保生产基础数据准确，运用精益生产中的价值流图和价值流分析理论，开发了动态数据测算系统。

价值流是指从原材料转变为成品、并给它赋予价值的全部活动，包括从供应商处购买原材料并运输到达企业，企业对其加工处理转变为成品再交付客户的全过程。同时，企业内以及企业与供应商、客户之间的信息沟通形成的信息流，也是价值流中的一部分。一个完整的价值流包括两种活动（增值和非增值活动），如供应链中成员间的沟通，物料的运输，生产计划的制定和安排，以及从原材料到产品的物质转换过程等。

价值流分析管理最基本的一条是消灭浪费，而在制造型企业的生产管理活动中，如果要消灭浪费，就必须识别企业生产中的两种活动：增值和非增值活动。统计研究发现，企业生产活动中，增值活动约占企业生产和经营活动的5%，必要但非增值活动约占60%，其余35%为浪费。价值流管理就是通过绘制价值流图，通过价值流图分析来发现并消灭浪费、降低成本，赢取最高的边际利润。

使用价值流图时用铅笔和纸作为工具，用一些简单的符号和流线从头到尾描绘每一个工序状态、工序间的物流、信息流和价值流的当前状态图，找出需要改善的地方后，再描绘一个未来状态图，以显示价值流改善的方向和结果。

在绘制工序价值流图之前，需要先把工序细分到工步，因为工序生产犹如一条线，只有把这条线分解为最小的单元点时，才便于去判断其活动是否增值。

增值工步要与对应产品在该工步的工艺参数进行研究及测算，建立工艺参数测算公式，通过工艺参数的修订，决定现场工人的劳动时间，进而决定该产品的定额。

工艺参数源于全流程虚拟制造系统，由工艺人员根据产品特性在设计后得到。

生产现场的有些工作与工艺参数无关，每个产品在该工序都要付出相对固定的工作量，例如产品吊运转运、工艺文件的准备，这种情况定义为固定定额；相对的由工艺参数决定的定额定义为变动定额。固定定额＋变动定额＝工步定额。

工步之间是否可独立开展，决定了工步之间的串并关系。串联关系表示只有上一工步完成之后，下一工步才能开始；而并联关系的工步之间相互不影响，可以各自独立进行生产活动的开展。在价值流分析中，加入串并关系是为了后面的计划管理做基础准备工作。

每个工序的工步按进程可以分为准备阶段、策划阶段、运行阶段、完工阶段，而每个阶段的工步实际上在不同的工序之间是相似的，因此在进行系统策划及数据库搭建时，数据结构可以显得更简单、整齐。

搭建动态数据测算系统的步骤如下文所述。

1. 建立工步价值流数据库

此数据库中包含了"工序名称""工序号""实际工序""阶段""对应工步编号""工步名称""工步代码""串/并""增值判断""定额类别"，如图 4-3 所示。

工序名称	工序号	实际工序	阶段	对应工步编号	工步名称	工步代码	串/并
ZXZB造型准备11	11	模型准备	策划阶段	KSF_11_3	计划确认	GB-11-01	并
ZXZB造型准备11	11	模型准备	策划阶段	KSF_11_3	模具确认	GB-11-02	并
ZXZB造型准备11	11	模型准备	策划阶段	KSF_11_3	施工图确认	GB-11-03	并
ZXZB造型准备11	11	模型准备	策划阶段	KSF_11_3	上序质量检查	GB-11-04	并
ZXZB造型准备11	11	模型准备	策划阶段	KSF_11_3	策划分工	GB-11-05	并
ZXZB造型准备11	11	模型准备	准备阶段	KSF_11_3	模具出库	GB-11-06	并
ZXZB造型准备11	11	模型准备	准备阶段	KSF_11_3	模型划线	GB-11-07	串
ZXZB造型准备11	11	模型准备	准备阶段	KSF_11_3	工具工装	GB-11-08	串
ZXZB造型准备11	11	模型准备	准备阶段	KSF_11_3	材料准备	GB-11-09	并
ZXZB造型准备11	11	模型准备	运行阶段	KSF_11_3	模具表面维护	GB-11-10	串
ZXZB造型准备11	11	模型准备	运行阶段	KSF_11_3	芯盒表面维护	GB-11-11	串
ZXZB造型准备11	11	模型准备	运行阶段	KSF_11_3	下料	GB-11-12	并
ZXZB造型准备11	11	模型准备	运行阶段	KSF_11_3	模具尺寸临修	GB-11-13	并
ZXZB造型准备11	11	模型准备	运行阶段	KSF_11_3	模具尺寸关票	GB-11-14	并
ZXZB造型准备11	11	模型准备	运行阶段	KSF_11_3	自检	GB-11-15	并
ZXZB造型准备11	11	模型准备	运行阶段	KSF_11_3	模型不合格票	GB-11-16	并
ZXZB造型准备11	11	模型准备	运行阶段	KSF_11_3	开箱磨具检查	GB-11-17	并
ZXZB造型准备11	11	模型准备	完工阶段	KSF_11_3	转下序	GB-11-18	并
ZXZB造型准备11	11	模型准备	完工阶段	KSF_11_3	6S	GB-11-19	并

图 4-3 工步价值流数据库

2. 编制定额测算公式

定额测算公式 = 工艺参数 × 测算系统 + 固定定额，如图 4-4 所示。

测算公式

新建参数

产品类别 产成品-高合金钢-核电产品 物料组编号 A01001 工步名称 工步代码 对应工序

工艺参数 运算符号 测算系数 运算符号 固定定额

保存 删除 导出

产品类别	物料组	工步名称	工步代码	对应工序	工艺参数	运算符1	测算系数	运算符2
产成品-高合...	A01001	平面气刨	KSF_23_1	气刨23	冒口截面积	*	0.15	+
产成品-高合...	A01001	焊后热处理	KSF_36_1	焊后热处理36	工艺时间	*		+
产成品-高合...	A01001	抛丸	KSF_33_1	抛丸33	铸件三维净表...	*	0.0001	+
产成品-高合...	A01001	平面气刨	KSF_23_1	气刨23	补贴表面积	*	0.15	+
产成品-高合...	A01001	冒口切割	KSF_20_1	冒口切割20	补贴表面积	*	0.2	+
产成品-高合...	A01001	冒口切割	KSF_20_1	冒口切割20	冒口截面积	*	0.2	+
产成品-高合...	A01001	缺陷焊接	KSF_47_2	缺陷焊接48	铸件图纸重量	*	9	+
产成品-高合...	A01001	打箱回砂	KSF_17_1	打箱回砂17	浇注重量	*	1.1591	+
产成品-高合...	A01001	抛丸	KSF_28_1	抛丸28	铸件三维净表...	*	0.0001	+
产成品-高合...	A01001	最终热处理	KSF_53_1	最终热处理53	工艺时间	*		+
产成品-高合...	A01001	加工后划线	KSF_26_2	复线26	铸件三维净表...	*	0.0013	+
产成品-高合...	A01001	平面铲磨	KSF_24_1	平面铲磨24	铸件三维净表...	*	0.0017	+
产成品-高合...	A01001	落砂	KSF_18_1	落砂18	铸件三维净表...	*	0.01	+
产成品-高合...	A01001	入库	KSF_64_1	包装64	铸件图纸重量	*	0.1	+
产成品-高合...	A01001	外观修磨	KSF_59_2	修磨外观59	铸件三维净表...	*	0.003	+

图 4-4 定额测算公式

3. 系统计算产品定额

系统按照定额测算公式进行计算之后，得出如下产品定额表，如图 4-5 所示。

料名称	材质	净重	类别编号	产品类别	工步名称	工步代码	定额
D1000N高...	ZG1Cr10Mo1Ni...	18600	A01003	产成品-高合...	砂箱工装准备	KSF_11_1	20.09
D1000N高...	ZG1Cr10Mo1Ni...	18600	A01003	产成品-高合...	混砂准备	KSF_11_2	46.00
D1000N高...	ZG1Cr10Mo1Ni...	18600	A01003	产成品-高合...	模型准备	KSF_11_3	32.00
D1000N高...	ZG1Cr10Mo1Ni...	18600	A01003	产成品-高合...	制芯	KSF_12_1	36.99
D1000N高...	ZG1Cr10Mo1Ni...	18600	A01003	产成品-高合...	造型	KSF_13_1	60.96
D1000N高...	ZG1Cr10Mo1Ni...	18600	A01003	产成品-高合...	合箱	KSF_14_2	33.14
D1000N高...	ZG1Cr10Mo1Ni...	18600	A01003	产成品-高合...	浇注	KSF_15_3	99.87
D1000N高...	ZG1Cr10Mo1Ni...	18600	A01003	产成品-高合...	冷却	KSF_16_1	
D1000N高...	ZG1Cr10Mo1Ni...	18600	A01003	产成品-高合...	打箱回砂	KSF_17_1	63.52
D1000N高...	ZG1Cr10Mo1Ni...	18600	A01003	产成品-高合...	落砂	KSF_18_1	33.96

图 4-5 产品定额表

4.2.2 计划管理系统

大多数企业一般采用的都是推动式生产系统。推动式生产是指按照 MRP 的计算逻辑运作的传统的标准生产方式，所有部门都是按照规定的生产计划进行生产的。生产出产品后，按照计划把产品送达后工序即可，上工序无须为下工序负责，这种方式就称为推动式生产。生产主管部门根据顾客需求，通过对最终产品的生产进行分解，将各工序的生产任务提前传达给相关的生产执行部门。当每道工序只专注于自己的计划时，各工序之间就像一个个孤岛，与下游工序分割开来。每道工序都根据自身的特点，制定自己的批量，按自己认为合理的节拍生产，而不是从整个价值流的角度去制定生产计划。这种情况下，就会造成库存堆积，同时这种批量和推动使得连续流动几乎无法实现。而对于各个部门而言，只需按照计划组织生产，生产结束后将实际完成情况汇报给生产主管部门，同时将完成品送往工序上的下一个生产部门。因此，总体的生产是一种从工序上最初的生产向最终工序生产的一个"推动"的过程。在推动式生产方式下，生产控制是要保证各生产部门按生产计划的要求，按时、按质、按量完成任务，每一工序的员工只会关注自己所在工序的生产效率。在推动式系统中，各个工序之间相互独立，在制品存货量较大。

精益思想的精神是要求达到"适时适量"的产出，以其要求的视角来看，推动式生产方式过程中容易产生很多重大的"浪费"。

首先，推动式生产方式不能满足"适时"生产的要求。如果采用推动式生产方式，要保证能够对于所有产品准时交货，就必须将所有产品以及分解的零部件生产的交货日期进行完全的精确计算。这就需要引入大量的基础数据，比如设备更换模具或者刀具的时间、每个零部件的精确生产时间。这种计算本身就需要投入大量的人力和物力。而且，如果出现异常状况，则要对整个计划进行重新修正调整，比如安排紧急订货插单或者员工加班等，以保证能够按时完成任务。但是这些调整措施，都是成本代价非常高昂的。其次，由于推动式生产方式的复杂性以及各种不确定因素，如人员请假、次品、设备损坏的影响，制造商为了保证按时交货，都会采取保有相当水平的安全库存这一措施。而从精益的观点来看，保持高水平的库存不仅占用了大量的财务资金，同时也产生了很多不必要的浪费，诸如搬运、放置、保养等方面的浪费。正由于"推动"方式的缺陷，精益思想提出了"拉动"式的生产方式。所谓"拉动"方式，以顾客需求出发，拉动前面的工序生产，同时根据该工序开工的需求可以确定前序应该完工的时间，以此类推，通过倒排各个工序的生产计划，确定了整个生产环节各个工序的生产计划。整个过程相当于从后（工序）向前（工序）拉动，故这种方式被称为拉式（Pull）生产，如图4-6所示。

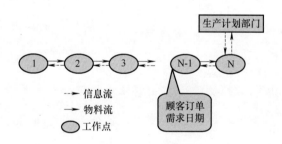

图4-6　拉式生产倒排逻辑图

在拉式生产方式中，计划部门工作的核心是首先制定最终产品计划，即交付计划，其他工序的生产是按照后序的生产需求倒排出生产计划。根据"拉动"方式组织生产，可以保证生产在适当的时间进行，并且由于只根据后序计划倒排而来，因此生产的量也是适当的量，从而保证企业不会为了满足交货的需求而保持高水平库存产生浪费。

结合拉式生产理论，围绕顾客订单交货日期为核心，共享铸钢公司开发了生产计划排产 MES 系统。

搭建生产计划排产 MES 系统的步骤如下。

1. 建立标准工步

收集生产过程中可能用到的所有工步，维护相关属性，建立标准数据库，如图 4-7 所示。

对应工序	工步代码	工步名称	执行班组	技术质量负责人	工步类型	并行工步代码	周期	作业指导书
ZXZB造型准备11	KSF_11_5	材料准备	班组	铸造工程师	并	KSF_11_3	0.0001	是
ZXZX制芯12	KSF_12_1	制芯	班组	铸造工程师	并	KSF_13_1	0.0001	是
ZX造型13	KSF_13_1	造型	班组	铸造工程师	串		3	是
ZX造型13	KSF_13_2	开箱起模	班组	铸造工程师	串		1	是
ZXHEX合箱14	KSF_14_1	刷涂	班组	铸造工程师	串		0.5	是
ZXHEX合箱14	KSF_14_2	合箱	班组	铸造工程师	串		1	是
RL浇注15	KSF_15_1	EAP熔炼	班组	熔炼工程师	并	KSF_15_3	0.1	是
RL浇注15	KSF_15_2	LF熔炼	班组	熔炼工程师	并	KSF_15_3	0.1	是
RL浇注15	KSF_15_3	浇注	班组	熔炼工程师	串		0.1	是
ZX冷却16	KSF_16_1	冷却	班组	热处理工程师	串		7	是
ZXDX打箱回砂17	KSF_17_1	打箱回砂	班组	热处理工程师	串		1	是
YQL落砂18	KSF_18_1	落砂	班组	焊接工程师	串		1	是
YQL预热19	KSF_19_1	冒口切割预热	班组	热处理工程师	串		1	是
YQL切割冒口20	KSF_20_1	冒口切割	班组	焊接工程师	串		1	是
YQL切割冒口20	KSF_20_2	试切割磨口	班组	质量工程师	并	KSF_20_1	0	是
YQL热处理21	KSF_21_1	质量热处理	班组	热处理工程师	串		5	是
YQL热处理21	KSF_21_2	试块切割	班组	质量工程师	并	KSF_22_1	0.5	是
YQL抛丸22	KSF_22_1	抛丸	班组	焊接工程师	串		0.5	是
YQL抛丸22	KSF_22_2	本体硬度检测	班组	质量工程师	并	KSF_22_1	0.5	是

图 4-7　标准工步页面

2. 编制产品生产流程

因不同的顾客、不同的产品有不一样的质量规范及要求，所以要针对每个产品编制生产流程，如图 4-8 所示。

3. 确认生产流程

每次新订单投产前，都需要质量工程师确认产品现有的流程是否合适，是否需要修改，以确保产品将要执行的生产流程都是准确适合的，如图 4-9 所示。

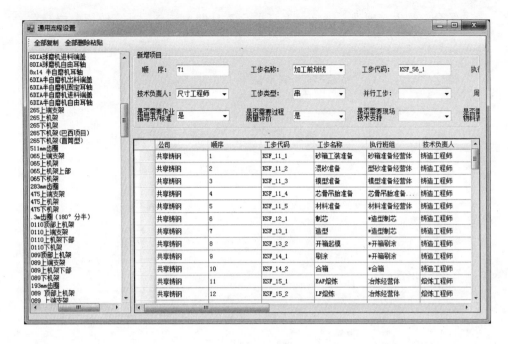

图 4-8   产品生产流程设计页面

图 4-9   生产流程确认操作页面

4. 排产生产计划

以顾客订单交货日期为最终的生产完成日期,倒排出每个工序的计划开工日期和计划完工日期,同时也确定了产品计划投产日期,避免了因过早生产导

102

致的在制库存积压，如图 4-10 所示。

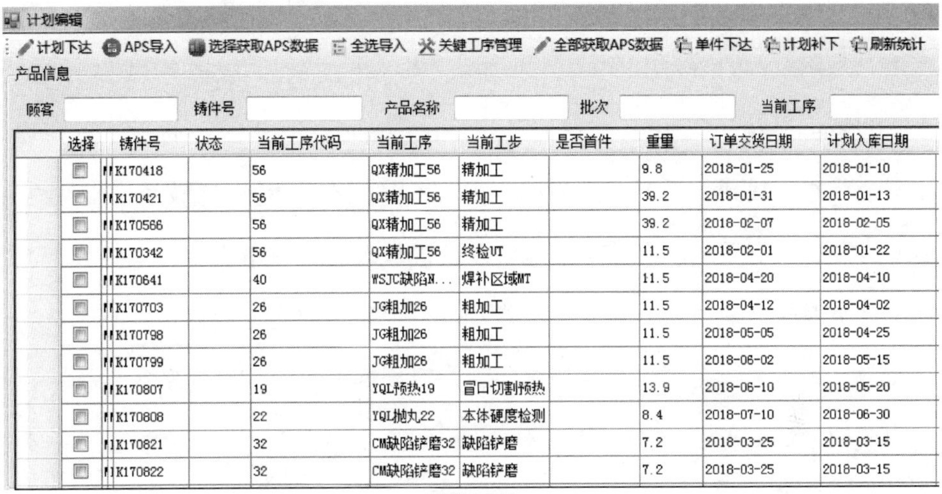

选择	铸件号	状态	当前工序代码	当前工序	当前工步	是否首件	重量	订单交货日期	计划入库日期
	K170418		56	QX精加工56	精加工		9.8	2018-01-25	2018-01-10
	K170421		56	QX精加工56	精加工		39.2	2018-01-31	2018-01-13
	K170566		56	QX精加工56	精加工		39.2	2018-02-07	2018-02-05
	K170342		56	QX精加工56	终检UT		11.5	2018-02-01	2018-01-22
	K170641		40	WSJC缺陷N...	焊补区域MT		11.5	2018-04-20	2018-04-10
	K170703		26	JG粗加26	粗加工		11.5	2018-04-12	2018-04-02
	K170798		26	JG粗加26	粗加工		11.5	2018-05-05	2018-04-25
	K170799		26	JG粗加26	粗加工		11.5	2018-06-02	2018-05-15
	K170807		19	YQL预热19	冒口切割预热		13.9	2018-06-10	2018-05-20
	K170808		22	YQL抛丸22	本体硬度检测		8.4	2018-07-10	2018-06-30
	K170821		32	CM缺陷铲磨32	缺陷铲磨		7.2	2018-03-25	2018-03-15
	K170822		32	CM缺陷铲磨32	缺陷铲磨		7.2	2018-03-25	2018-03-15

a) 订单交货

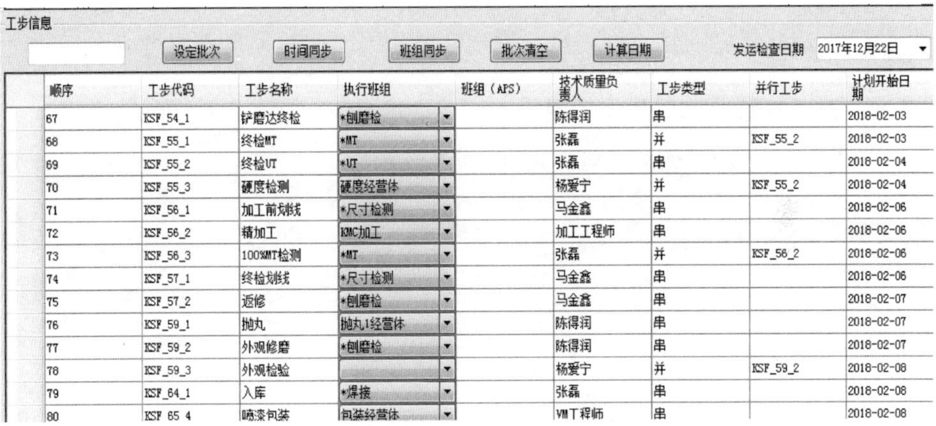

顺序	工步代码	工步名称	执行班组	班组（APS）	技术质量负责人	工步类型	并行工步	计划开始日期
67	KSF_54_1	铲磨达终检	*刨磨检		陈得润	串		2018-02-03
68	KSF_55_1	终检MT	*MT		张磊	并	KSF_55_2	2018-02-03
69	KSF_55_2	终检UT	*UT		张磊	串		2018-02-04
70	KSF_55_3	硬度检测	硬度经营体		杨爱宁	并	KSF_55_2	2018-02-04
71	KSF_56_1	加工前划线	*尺寸检测		马金鑫	串		2018-02-06
72	KSF_56_2	精加工	KMC加工		加工工程师	串		2018-02-06
73	KSF_56_3	100%MT检测	*MT		张磊	并	KSF_56_2	2018-02-06
74	KSF_57_1	终检划线	*尺寸检测		马金鑫	串		2018-02-06
75	KSF_57_2	返修	*刨磨检		马金鑫	串		2018-02-07
76	KSF_59_1	抛丸	抛丸1经营体		陈得润	串		2018-02-07
77	KSF_59_2	外观修磨	*刨磨检		陈得润	串		2018-02-07
78	KSF_59_3	外观检验			杨爱宁	并	KSF_59_2	2018-02-08
79	KSF_64_1	入库	*焊接		张磊	串		2018-02-08
80	KSF_65_4	喷漆包装	包装经营体		VM工程师	串		2018-02-08

b) 倒排产

图 4-10　生产计划排产页面

4.2.3　风险管控系统

TOC 约束理论是一种以整体最优化为目标的经营管理技巧：找出工厂等系统中最为薄弱的环节，即制约因素，然后集中力量加以改进，以达到利益最大化的目标。

TOC 约束理论认为，系统的周转率是由系统中的一个或者少数的几个约束环节（通常又称"瓶颈"）所决定的。所以，增加系统的周转率最有效的办法就是充分利用瓶颈的活力。因为，"瓶颈上损失一小时等于整个系统损失一小时"，"非瓶颈的利用程度不由其本身决定，而由系统的瓶颈决定"。因此，约束理论的核心就在于找到瓶颈工序，充分利用瓶颈工序资源，不断突破系统瓶颈约束，如此往复性、有重点、有针对性地对系统进行改进。但事实上，大多数企业并不是能够及时地发现瓶颈工序，不能及时发现瓶颈问题也就谈不上及时解决瓶颈问题，最终导致在制库存越积越多，生产周期增长，产品排队待生产，在制财务费用增加。所以为了发现瓶颈，定位瓶颈工序，生产管理需要建立一套瓶颈风险管控系统。

风险管控系统主要由生产执行风险管控和生产在制风险管控组成。

1. 生产执行风险管控系统建设

搭建生产执行风险管控系统按如下步骤进行。

（1）定义瓶颈

按生产计划截至目前应完成，而实际未完成的工序，即为瓶颈工序。

（2）定位瓶颈

生产执行风险管控系统可以根据生产月度计划自动进行判断，截至当前实际完成的情况是否与生产计划相匹配，是否按生产计划执行，并把判断的结果通报、展示给生产管理人员，如图 4-11 所示为生产执行风险管控系统通报邮件截图。

结合图 4-12 系统数据传递流程图，可以看出，数据的源头是计划管理系统中的生产计划系统和完工汇报系统，为了确保系统能精准定位瓶颈工序，需要对生产管理人员日常按如下要求执行。

1）每月在规定的期限前，根据目前事实订单和现场产能，在计划系统中制

KOCEL TIDE	生产风险管控				2017年6月25日 生产情况通报			

生产风险管控-公司

月份	工序号	FOREMAN	月计划吨位	计划应完成	实际完成	应完成率	及时率	均衡率	26	27	28	29	30	31	1	2	3	4	5	6	7	8	9	10	11	12	13	14	15	16	17	18	19
2017-06Y	11	张旭鹏	856	825	1101	133	64	133	Y	Y	Y	Y	Y	Y	Y	Y	Y	Y	Y	Y	Y	Y	Y	Y	Y	Y	Y	Y	Y	Y	Y	Y	Y
2017-06Y	12	杨林、顾玉杰	839	839	1016	121	66	125	N	Y	Y	Y	N	Y	Y	Y	Y	Y	Y	Y	Y	Y	Y	Y	Y	Y	Y	Y	Y	Y	Y	Y	Y
2017-06Y	13	杨林、顾玉杰	852	852	1014	118	75	123	Y	Y	Y	Y	N	Y	Y	Y	Y	Y	Y	Y	Y	Y	Y	Y	Y	Y	Y	Y	Y	Y	Y	Y	Y
2017-06Y	14	杨林、顾玉杰	942	942	1003	106	71	110	Y	Y	Y	Y	Y	Y	N	N	N	N	N	Y	Y	Y	Y	Y	Y	Y	Y	Y	Y	Y	Y	Y	Y
2017-06Y	15	蔺瑞雷	1081	1023	1037	101	86	99	Y	Y	Y	N	Y	Y	Y	N	N	Y	N	Y	N	Y	Y	Y	Y	Y	Y	Y	Y	Y	Y	Y	Y
2017-06Y	17	田陈刚、杨伟	949	841	895	106	42	97	Y	Y	Y	Y	Y	N	Y	Y	Y	Y	Y	N	Y	Y	Y	Y	Y	Y	Y	Y	Y	Y	Y	Y	Y

图 4-11　生产执行风险管控系统通报邮件截图

定下个月将要执行的月计划，月计划中每条计划都有确定的计划开始日期、计划完工日期、执行班组。

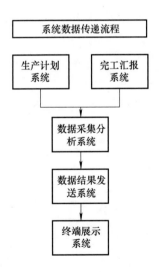

图 4-12　系统数据传递流程图

2）当执行班组计划完工时，要在完工汇报系统中及时进行报工。

（3）解决瓶颈

一般来说，企业按照 TOC 理论五步法来解决瓶颈问题：

首先是找到制约因素。因为直接影响一个企业生产能力的就是制约因素，所以首先要找到它。

其次是彻底激活制约因素。只有充分激活受抑制的"制约因素"，才能使生产能力获得提高。集中人才等各种资源对制约因素进行"手术"，如通过轮换休息的办法保证机器不断地运转等，在不增加固定费用和投资的情况下，将制约因素的能量彻底释放出来。

第三，让制约因素以外的能力都来适应这个制约因素。这一步的目的是让半成品减到最小限度，也就是对位于该制约因素前的工序上的资材投入的步调进行调整，以适应该制约因素的能力。如果不考虑制约因素的能力而只埋头追求100%的运转效率，那么就会不断增加半成品数量而占用大量的流动资金。

第四，提高制约因素的能力。如果彻底激活制约因素仍不能达到能力的要求的话，就要考虑如何来增加这部分能力，如启用闲置的旧机器、利用外来投资等，通过一定的设备投资来提高生产能力。

第五，关注变化并再回到第一步骤。在集中精力应对某个制约因素并予以改善的过程中，还得注意该制约因素之外的其他工序，甚至还要注意生产现场之外的市场是否发生了什么变化，然后再回到第一个步骤，进行反复的改善。

2. 生产在制风险管控系统建设

生产在制风险管控是指通过在生产现场设置三区标准（工作区、缓冲区、待放区），系统对三区产品数量进行监控，判断出瓶颈工序或产能富裕工序，提醒生产主管组织突破产能瓶颈或者转移产能、提高产能利用率。

搭建生产在制风险管控系统按如下步骤进行。

（1）定义瓶颈

首先在现场的每个工序建立三区，同时设定三区摆放数量的标准（允许的最大数量），当工序的在制产品数量超过该区的标准数量时，就把此工序定义为瓶颈工序。

三区的定义如下：

- 工作区：现场一线员工进行生产活动的场地；
- 缓冲区：紧邻工作区，待工作区内产品生产完工之后进行生产的产品的暂放场地。
- 待放区：放置长期停滞产品的场地。

（2）定位瓶颈

系统自动统计当前工序的三区数量，按规则判断每个工序的三区数量是否超过标准，并把判断的结果通报、展示给生产管理人员，如图 4-13 所示为生产在制风险管控系统通报的邮件截图。

在制风险管控通报（公司）																															
工序	12	13	14	15	16	17	18	19	20	21	22	23	24	25	26	27	28	29	30	31	32	33	34	35	36	37	38	39	40	41	47	4
总在制件数	15	17	2	8	26		14	26		48		8	1	13	55	35		2	5	4	1			18	11	3		6	2	3	20	
工作区	2	2	2	1	26		2	2		10		7	1	3	16	4		2	4	3	1			8	3	3		3	2	2	16	
缓冲区	3	3		1			2	2		6		1		3	12	4			1	1				8	2			3		1	4	
待放区（库存）	10	12		6			10	22		32				7	27	27								2	6							

工作区标准件数=根据班组数量及所在工序铸件生产周期确定；

缓冲区标准件数=工作区标准件数；

待放区件数=总在制件数-工作区件数-缓冲区件数；

待放区代表在制库存，当工序待放区>0时，说明此工序存在积压现象，系统自动标黄色，需要生产管理人员关注；

图 4-13 生产在制风险管控系统通报邮件截图

结合图 4-14 系统数据传递流程图，可以看出，数据的源头是三区标准数量和完工汇报数据，所以为了确保系统能精准定位瓶颈工序，需要生产管理人员日常按如下要求执行。

1）当执行班组按计划完工时，要在完工汇报系统中及时进行报工，工序完工信息传递到工序在制系统。

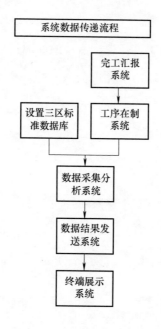

图 4-14　系统数据传递流程图

2）定期根据产品结构修订每个工序的三区标准，并维护到数据库中。

（3）解决瓶颈

利用 TOC 理论五步法来解决瓶颈问题，具体参考生产执行风险管控系统建设的相关内容。

4.2.4　执行管控系统

TOC 使用鼓-缓冲器-绳子（Drum-Buffer-Rope，DBR）流程来管理资源以确保生产最大化有效产出。最大化有效产出的障碍通常是某个工序能力的约束瓶颈，所以需要重点关注瓶颈工序的最大化使用。

"鼓"（Drum）指的是系统约束设定的生产速率或者说约束。"缓冲器"（Buffer）提供了面对不确定性的保护（例如，机械故障、物料短缺、劳工问题等），以便最大化系统的有效产出。"绳"（Rope）是一个信息传递过程，该过程是指非约束资源配合服从约束而要执行的信息传递操作（即拉式系统，这是和精益相似的地方）。在 TOC 中，约束被视为"鼓"，而非约束资源，用高德拉特博士的话说，就像军队中的士兵一样，按照鼓点的节拍统一步调协调前进，即工厂内的所有资源都要按照约束所设定的鼓点来协调工作。

鼓-缓冲-绳法是 TOC 应用于制造工厂排程时的一个计划、排程与实施的方法论，它恰当地抓住了 TOC 排程的技巧，使之在工厂层面易于理解和执行。这种简单化比拟，使 DBR 非常有效。

1. "鼓"（Drum）

"鼓"是一个企业应用 TOC 的开端，即识别一个企业的"约束"所在。"约束"控制着企业同步生产的节奏"鼓点"。要维持企业内部生产的同步、企业生产和市场需求的同步，存在着一系列的问题。其中一个主要问题就是企业的生产如何能满足市场或顾客的需求而又不产生过多的库存。因而，安排作业计划时，除了要对市场行情进行正确的预测外，还必须按订单交期给相应的一些工序一定的优先权数，在"约束"上根据这些优先权数的大小安排生产，并据此对上游的工序进行拉式，这样相当于把顾客订单交期分解成内部控制的关键工序目标，通过每段关键工序计划目标的完成最终确保顾客的订单交付。根据此理论，共享铸钢公司开发出了关键工序排产系统。

此处提到的关键工序排产与前面提到的拉式生产是不冲突的，关键工序的计划完成日期是按顾客的订单交货日期倒排出来的，符合拉式生产理论，同时关键工序作为本工序段最后一个工序，将按拉式生产原理拉动上序生产。

搭建关键工序排产系统的步骤为：

1）结合企业中各个工序的特点，根据瓶颈工序出现的频次，把生产周期长、容易出现质量波动的工序定义为关键工序。

2）从生产计划排产 MES 系统中把这些关键工序的生产计划提取到一个操

作平台，形成一个全新的数据库。

3）通过关键工序计划的调整，影响生产计划排产 MES 系统中该工序段其他工序的计划排产。关键工序排产页面如图 4-15 所示。

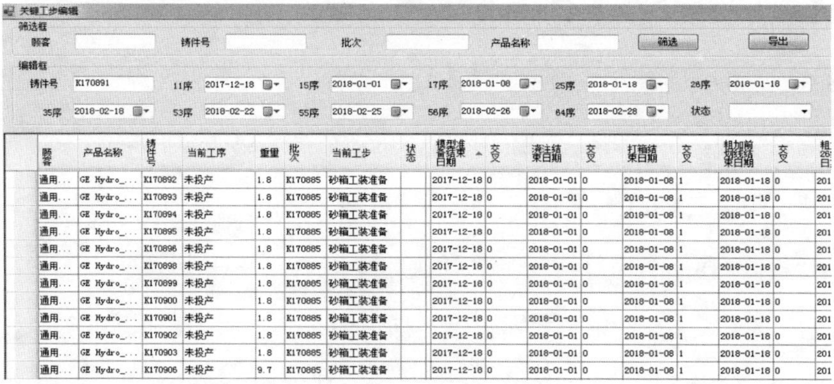

顾客	产品名称	铸件号	当前工序	重量	批次	当前工步	状态	模型准备结束日期	交叉	浇注结束日期	交叉	打箱结束日期	交叉	粗加前划线结束日期	交叉	粗26日
通用...	GE Hydro_...	K170892	未投产	1.8	K170885	砂箱工装准备		2017-12-18	0	2018-01-01	0	2018-01-08	1	2018-01-18	0	201
通用...	GE Hydro_...	K170893	未投产	1.8	K170885	砂箱工装准备		2017-12-18	0	2018-01-01	0	2018-01-08	1	2018-01-18	0	201
通用...	GE Hydro_...	K170894	未投产	1.8	K170885	砂箱工装准备		2017-12-18	0	2018-01-01	0	2018-01-08	1	2018-01-18	0	201
通用...	GE Hydro_...	K170895	未投产	1.8	K170885	砂箱工装准备		2017-12-18	0	2018-01-01	0	2018-01-08	1	2018-01-18	0	201
通用...	GE Hydro_...	K170896	未投产	1.8	K170885	砂箱工装准备		2017-12-18	0	2018-01-01	0	2018-01-08	1	2018-01-18	0	201
通用...	GE Hydro_...	K170898	未投产	1.8	K170885	砂箱工装准备		2017-12-18	0	2018-01-01	0	2018-01-08	1	2018-01-18	0	201
通用...	GE Hydro_...	K170899	未投产	1.8	K170885	砂箱工装准备		2017-12-18	0	2018-01-01	0	2018-01-08	1	2018-01-18	0	201
通用...	GE Hydro_...	K170900	未投产	1.8	K170885	砂箱工装准备		2017-12-18	0	2018-01-01	0	2018-01-08	1	2018-01-18	0	201
通用...	GE Hydro_...	K170901	未投产	1.8	K170885	砂箱工装准备		2017-12-18	0	2018-01-01	0	2018-01-08	1	2018-01-18	0	201
通用...	GE Hydro_...	K170902	未投产	1.8	K170885	砂箱工装准备		2017-12-18	0	2018-01-01	0	2018-01-08	1	2018-01-18	0	201
通用...	GE Hydro_...	K170903	未投产	1.8	K170885	砂箱工装准备		2017-12-18	0	2018-01-01	0	2018-01-08	1	2018-01-18	0	201
通用...	GE Hydro_...	K170906	未投产	9.7	K170885	砂箱工装准备		2017-12-18	0	2018-01-01	0	2018-01-08	1	2018-01-18	0	201

图 4-15　关键工序排产页面

2. “缓冲器”（Buffer）

缓冲器又称为缓冲。一般来说，“缓冲器”分为“时间缓冲”和“库存缓冲”：“库存缓冲”的位置、数量的确定原则同“时间缓冲”；“时间缓冲”则是将所需的物料比计划提前一段时间提交，以防随机波动，以约束资源上的生产时间长度作为计量单位。例如，一个三天的“时间缓冲”表示一个等待生产的在制品队列，它相当于在约束资源上三天的生产任务。生产时间长度可凭观察与实验确定，再通过实践，进行必要的调整。在设置“时间缓冲”时，一般要考虑以下几个问题：

1）要保证约束资源上产出率相对较快的工件在生产过程中不致因为在制品少而停工。

2）应考虑生产过程中出现的波动。如约束资源上的实际产出率比原来估计的要快，或者约束资源前的工序的产出率比原来估计的要慢，或者出现次品。在有的情况下，还要考虑前面的机器是否出现故障。因为，如果要对机器故障进行维修，则维持后续工序所需的在制品库存是难以估计的。所以，在设置

"时间缓冲"时，一般要设置一定的安全库存。

3）要考虑在制品库存费用、成品库存费用、加工费用和各种人工费用。要在保证约束资源上生产持续的情况下，使得整个生产过程的总费用最小。

3. "绳子"（Rope）

如果说"鼓"的目标是使有效产出最大，那么，"绳子"的作用则是使库存最小。我们知道，"约束"决定着生产线的产出节奏，而在其上游的工序实行拉动式生产，等于用一根看不见的"绳子"把"约束"与这些工序串联起来，有效地使物料依照产品产出计划快速地通过非约束作业，以保证约束资源的需要。所以，"绳子"起的是传递作用，以驱动系统的所有部分按"鼓"的节奏进行生产。在 DBR 的实施中，"绳子"是由一个涉及原材料投料到各车间的详细现场班组执行计划来实现的。

结合"绳子"理论，共享铸钢公司开发了现场班组执行计划的手机 APP 系统，如图 4-16 所示。

图 4-16   手机 APP 计划查看页面

手机 APP 系统即"绳子"，控制着企业物料的进入，生产计划承载着该工序领料的 BOM 数据，没有生产计划也就无法领料，无法生产。"绳子"是约束资源对其上游工序发出生产指令的媒介，没有它，生产就会造成混乱，要么造成库存过大，要么会使约束资源出现"饥饿"现象。所以通过"绳子"系统的控制，使得约束资源前的非约束资源均衡生产，可以减少提前期以及在制品库存，而同时又不使约束资源停工待料。

4.3 LEAN 思想应用——"外科手术室"式现场管理

4.3.1 外科手术室研究

表 4-2 为外科手术室发展史，从中可以发现随着新技术、新方法的不断引入，外科手术室的工作环境得到了极大的改善，带来的效果是因手术感染而发生的死亡率得到了有效的控制。

表 4-2 外科手术室发展史

阶　　段	时　　间	环　　境	死亡率
第一代简易型手术室	19 世纪～20 世纪初	手术在自然条件下，没有采用任何防污染、防感染的措施	50% 以上
第二代分散型手术室	20 世纪初期～中期	专门建造、非封闭建筑环境，使用了供暖、通风、消毒灭菌技术	1.06% 左右
第三代集中型手术室	20 世纪后期	建筑分区保护、密闭的空调环境	0.12% 左右
第四代洁净手术室	目前	建立在现代科技上，相对集中，功能完全独立，充分考虑各种手术需求	0.01% 以下

现代外科手术室为何会取得如此大的成果呢？通过对比发现，现代外科手术室成功之处在于配套设施齐全、工作环境出色，见表 4-3。

表 4-3 简易型手术室与洁净手术室的区别表

简易型手术室	对 比 项	洁净手术室
没有建立科学的物流路线	布局流程	严格分区、科学分流设计
无消毒技术及措施	空气处理	洁净空调、保证全过程空气洁净
非密闭式、容易造成空气的交叉感染	洁净效果	气密封结构、梯次压差
配套设施陈旧、不齐全	整体设施	齐全的配套设施

现代外科手术室设计合理（安静、清洁、便于和相关科室联络的位置），设备齐全，护士工作反应灵敏、快捷，有高效的工作效率，有严格的无菌操作规范，如图 4-17 所示。

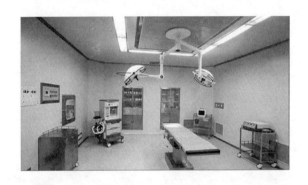

图 4-17 现代外科手术室现场图

手术室，作为外科领域反映高度治疗医学水平的工作环境，应该满足下述特征：

1）分工明确：有主刀医生、辅助医生、护士等。

2）满足外科手术需求的所有功能的设备和工具：有救护设备、麻醉设备、器械柜、手术刀等。

3）有各类所需的材料：药品、血浆等，且标识和摆放整齐。

4）有一套严格合理的规章制度和操作流程。

5）有要求最大限度地保持接近无菌的环境，减少创伤感染。

6）有各种诊断仪器，随时监控病人的病情。

外科手术室是为病人提供手术及抢救的场所，应确保灵敏、快捷，具有高效的工作效率，提高手术成功率，减少死亡率。

通过现代外科手术室特点的研究，可以发现精益思想在其中的应用，尤其是定置管理和5M1E法的应用。

4.3.2 "外科手术室" 式现场管理模型的应用

1. "外科手术室" 式现场管理

按"外科手术室"模式推行精益6S管理，制定6S达标标准、并持续推行。

1）主辅分离：将生产准备和主要工作进行职责划分，提高生产效率。

2）每个工作区配备足够的设备和工具、工装，做好标识。

3）对现场进行五区定置划分，即工作区、待放区、工装区、工具区、劳保区，如图4-18、图4-19所示。区域定置管理分化，良好地解决了工作区、待放区的"两区冲突"以及安全距离问题，方便现场吊运工作的正常运转以及各区域6S的日常维持。

图4-18　工作区与待放区定置区分　　　　图4-19　工具定置摆放

4）根据现场使用的物料，采取物料平衡的方法，降低现场的"多与少"。

5）作业指导书、工艺方案、操作规定进行规范化培训，并上墙。

6）现场采用湿法作业、局部除尘、加装照明，打造"外科手术室"环境。

通过以上"外科手术室"标准的引进，解决生产现场的"等""找"走"多""少""乱"的现象问题。

1）等：等工具、等工装、等材料、等吊车等。

2）找：找工具、找人、找工装等。

3）走：人员走动频繁。

4）多：现场不用的/不能用的/没有用的/近期不用的物品太多。

5）少：现场缺少安全工装、工具等。

6）乱：现场定置差。

通过管理，应达到区域（工作区、待放区、工具区、工装区、劳保区）可视化、区域多少可视化（要有数量限制）、区域好坏可视化（坏的纳入红牌区）、成果可视化（生产量、废品量、生产次数等）、问题可视化。

2. 开展 6S 精益改善流程

1）组建精益改善活动团队。

2）确定 3 天活动目标。

3）确定活动开展流程（图 4-20）。

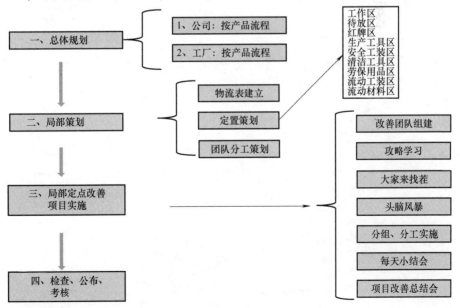

图 4-20　活动开展流程图

4）物流路线策划（图4-21）。

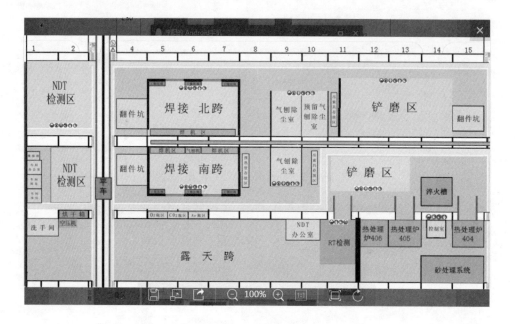

图4-21　物流路线图

5）制定局部定置管理图（图4-22）。

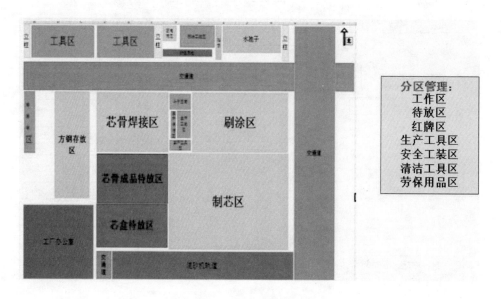

图4-22　局部定置管理图

6）局部定点改善项目实施（3 天完成）。

7）大家现场来找茬。

8）头脑风暴法，制定改进计划。

9）全员参与、每天总结。

10）检查、通报、量化。

3. 效果

通过开展"外科手术室"式现场管理和 6S 精益活动，可以为企业和个人带来双丰收。

对于企业而言：

1）零"更换"时间——提高产品的多样性；

2）零次品——提高产品质量；

3）零浪费——降低成本；

4）零"耽误"——提高交付可靠性；

5）零事故——提高安全性；

6）零停机——提高设备利用率；

7）零抱怨——提高信心和信任。

对于个人而言：

1）使您的工作环境更舒适；

2）使您的工作更方便；

3）使您的工作更安全；

4）使您的工作更舒心。

4.3.3　现场定置管理的应用

现场定置管理主要应用的是精益生产中的 6S 知识。6S 指出，定置管理中的定置不是一般意义上字面理解的"把物品固定地放置"，它的特定含义是：根据生产活动的目的，考虑生产活动的效率、质量等制约条件，和物品自身的特殊要求（如时间、质量、数量、流程等），划分出适当的放置场所，确定物品在场所中的放置状态，作为生产活动主体人与物品联系的信息媒介，从而有利于人、物的结合，有效地进行生产活动。对现场物品进行有目的、有计划、有方法的科学放置，称为现场物品的定置。

1. 工厂定置

工厂一般包括生产区和生活区。生产区定置包括总厂、分厂（车间）、库房定置。总厂定置包括分厂、车间界线划分，大件报废物摆放，改造厂房拆除物临时存放，垃圾区，车辆存停等。分厂（车间）定置包括工段、工位、机器设备、工作台、工具箱、更衣箱等。库房定置包括货架、箱柜、贮存容器等。生活区定置包括道路建设、福利设施、园林修造、环境美化等。

2. 现场定置

现场定置包括毛坯区、半成品区、成品区、返修区、废品区、易燃易爆污染物停放区等。

3. 可移动物定置

可移动物定置包括劳动对象物定置（如原材料、半成品、在制品等）；工卡、量具的定置（如工具、量具、胎具、容器、工艺文件、图纸等）；废弃物的定置（如废品、杂物等）。

4. 开展定置管理的步骤

（1）步骤1：进行工艺研究

工艺研究是定置管理开展程序的起点，它是对生产现场现有的加工方法、机器设备、工艺流程进行详细研究，确定工艺在技术水平上的先进性和经济上的合理性，分析是否需要和可能采用更先进的工艺手段及加工方法，从而确定生产现场产品制造的工艺路线和搬运路线。工艺研究是一个提出问题、分析问题和解决问题的过程，具体包括以下三个步骤：

1）对现场进行调查，详细记录现行方法。通过查阅资料、现场观察，对现行方法进行详细记录，这是为工艺研究提供基础资料，所以要求记录详尽准确。由于现代工业生产工序繁多，操作复杂，如用文字记录现行方法和工艺流程，势必显得冗长繁琐。在调查过程中，可运用工业工程中的一些标准符号和图表来记录，则一目了然。

2）分析记录的事实，寻找存在的问题。对经过调查记录下来的事实，运用工业工程中的方法研究和时间研究的方法，对现有的工艺流程及搬运路线等进行分析，找出存在的问题及其影响因素，提出改进方向。

3）拟定改进方案。提出改进方向后，定置管理人员要对新的改进方案做具体的技术经济分析，并和旧的工作方法、工艺流程和搬运线路做对比。在确认是比较理想的方案后，才可作为标准化的方法实施。

（2）步骤 2：对人、物结合的状态分析

人、物结合状态分析，是开展定置管理中最关键的一个环节。在生产过程中必不可少的是人与物，只有人与物的结合才能进行工作。而工作效果如何，则需要根据人与物的结合状态来定。人与物的结合是定置管理的本质和主体。

定置管理要在生产现场实现人、物、场所三者最佳结合，首先应解决人与物的有效结合问题，这就必须对人、物结合状态进行分析。在生产现场，人与物的结合有两种形式，即直接结合和间接结合。直接结合是指需要的东西能立即拿到手，不存在由于寻找物品而发生时间的耗费。如加工的原材料、半成品就在自己岗位周围，工检量具、贮存容器就在自己的工作台上或工作地点周围，随手即得。间接结合是指人与物呈分离状态，为使其结合则需要信息媒介的指引。信息媒介的准确可靠程度影响着人与物结合的效果。

按照人与物有效结合的程度，可将人与物的结合归纳为 ABC 三种基本状态：

1）A 状态：表现为人与物处于能够立即结合并发挥效能的状态。例如，操作者使用的各种工具，由于摆放地点合理而且固定，当操作者需要时能立即拿到或做到得心应手。

2）B 状态：表现为人与物处于寻找状态或尚不能很好发挥效能的状态。例如，一个操作者想加工一个零件，需要使用某种工具，但由于现场杂乱或忘记了这一工具放在何处，结果因寻找而浪费了时间；又如，由于半成品堆放不合理，散放在地上，加工时每次都需弯腰一个个地捡起来，既影响了工时，又提高了劳动强度。

3）C 状态：是指人与物没有联系的状态。这种物品与生产无关，不需要人去同该物结合。例如，生产现场中存在的已报废的设备、工具、模具，生产中产生的垃圾、废品、切屑等。这些物品放在现场，必将占用作业面积，而且影响操作者的工作效率和安全。

通过以上三种状态的定义可以看出，定置管理应通过相应的设计、改进和控制，消除 C 状态，改进 B 状态，使之都成为 A 状态，并长期保持下去。

（3）步骤 3：开展对信息流的分析

信息媒介就是人与物、物与场所合理结合过程中起指导、控制和确认等作用的信息载体。由于生产中使用的物品品种多、规格杂，它们不可能都放置在操作者的手边，如何找到各种物品，需要有一定的信息来指引；许多物品在流动中是不回归的，它们的流向和数量也要有信息来指导和控制；为了便于寻找和避免混放物品，也需要有信息来确认。因此，在定置管理中，完善而准确的信息媒介是很重要的，它影响到人、物、场所的有效结合程度。

人与物的结合，需要有四个信息媒介物：

1）第一个信息媒介物是位置台账，它表明"该物在何处"，通过查看位置台账，可以了解所需物品的存放场所。

2）第二个信息媒介物是平面布置图，它表明"该处在哪里"。在平面布置图上可以看到物品存放场所的具体位置。

3）第三个信息媒介物是场所标志，它表明"这儿就是该处"。它是指物品存放场所的标志，通常用名称、图示、编号等表示。

4）第四个信息媒介物是现货标识，它表明"此物即该物"。它是物品的自我标示，一般用各种标牌表示，标牌上有货物本身的名称及有关事项。

在寻找物品的过程中，人们通过第一个、第二个媒介物，被引导到目的场所，因此，称第一个、第二个媒介物为引导媒介物。再通过第三个、第四个媒介物来确认需要结合的物品，因此，称第三个、第四个媒介物为确认媒介物。人与物结合的这四个信息媒介物缺一不可。建立人与物之间的连接信息，是定置管理这一管理技术的特色。是否能按照定置管理的要求，认真地建立、健全连接信息系统，并形成通畅的信息流，有效地引导和控制物流，是推行定置管理成败的关键。

（4）步骤 4：定置管理设计

定置管理设计是指对各种场地（厂区、车间、仓库）及物品（机台、货架、箱柜、工位器具等）如何科学、合理定置的统筹安排。定置管理设计主要包括定置图设计和信息媒介物设计。

1）定置图设计。定置图是对生产现场所在物进行定置，并通过调整物品来改善场所中人与物、人与场所、物与场所相互关系的综合反映图。其种类有室外区域定置图，车间定置图，各作业区定置图，仓库、资料室、工具室、计量室、办公室等定置图和特殊要求定置图（如工作台面、工具箱内，以及对安全、质量有特殊要求的物品定置图）。

定置图绘制的原则有：

① 现场中的所有物均应绘制在图上；

② 定置图绘制以简明、扼要、完整为原则，物形为大概轮廓、尺寸按比例，相对位置要准确，区域划分清晰鲜明；

③ 生产现场暂时没有，但已定置并决定制作的物品，也应在图上表示出来，准备清理的无用之物不得在图上出现；

④ 定置物可用标准信息符号或自定信息符号进行标注，对符号均应在图上加以说明；

⑤ 定置图应按定置管理标准的要求绘制，但应随着定置关系的变化而进行修改。

2）信息媒介物设计。信息媒介物设计包括信息符号设计和示意图、标牌设计。在推行定置管理时，进行工艺研究、各类物品停放布置、场所区域划分等都需要运用各种信息符号表示，以便人们形象地、直观地分析问题和实现目视管理。各个企业应根据实际情况设计和应用有关信息符号，并纳入定置管理标准。在信息符号设计时，如有国家规定的（如安全、环保、搬运、消防、交通等）应直接采用国家标准。其他符号，企业应根据行业特点、产品特点、生产特点进行设计。设计的符号应简明、形象、美观。

定置示意图是现场定置管理情况的综合信息标志，它是定置图的艺术表现。标牌是指示定置物所处状态、标志区域、指示定置类型的标志，包括建筑物标牌，货架、货柜标牌，原材料、在制品、成品标牌等。它们都是实现目视管理的手段。各生产现场、库房、办公室及其他场所都应悬挂示意图和标牌。示意图和标牌的底色宜选用淡色调，图面应清洁、醒目且不易脱落。各类定置物、区（点）应分类规定颜色标准。

（5）步骤 5：定置实施

定置实施是理论付诸实践的阶段，也是定置管理工作的重点，包括以下三个步骤：

1）清除与生产无关之物。生产现场中凡与生产无关的物品，都要清除干净。清除与生产无关的物品应本着"双增双节"（增产节约、增收节支）精神，能转变利用便转变利用，不能转变利用时，可以变卖，化为资金。

2）按定置图实施定置。各车间、部门都应按照定置图的要求，将生产现场工具、器具等物品进行分类、搬、转、调整并定位。定置的物品要与图相符，位置要正确，摆放要整齐，贮存要有器具。可移动物，如推车、电动车等也要定置到适当位置。

3）放置标准信息名牌。放置标准信息名牌要做到牌、物、图相符，设专人管理，不得随意挪动。要以醒目和不妨碍生产操作为原则。总之，定置实施必须做到：有图必有物，有物必有区，有区必挂牌，有牌必分类；按图定置，按类存放，账（图）物一致。

（6）步骤 6：定置检查与考核

定置管理的一条重要原则是持之以恒，只有这样才能巩固定置成果，并使之不断发展。因此，必须建立定置管理的检查、考核制度，制定检查与考核办法，并按标准进行奖罚，以实现定置管理长期化、制度化和标准化。

定置管理的检查与考核一般分为两种情况：

1）一是定置后的验收检查，检查不合格的不予通过，必须重新定置，直到合格为止。

2）二是定期对定置管理进行检查与考核。这是要长期进行的工作，它比定置后的验收检查工作更为复杂，更为重要。

定置考核的基本指标是定置率，它表明生产现场中必须定置的物品已经实现定置的程度。

其计算公式是：定置率 = 实际定置的物品个数（种数）/定置图规定的定置

物品个数（种数）×100%。

5. 定置管理工作程序

1）准备阶段：成立定置管理工作领导小组；制定工作计划；抓紧培训工作；广泛地发动和依靠群众。

2）设计阶段：现场调查，分析问题；制定定置标准；绘制定置图。

3）实施阶段（注意的问题）：

① 领导始终要身先士卒，带头贯彻执行，这是开展定置管理的关键，群众看领导，领导有多大信心、决心，群众就会有多大的信心和决心。

② 全面发动、依靠员工。

③ 严格按定置图进行科学定置，不走过场。

④ 自查、验收时，要高标准严格要求。

4）巩固提高阶段：开展教育；加强日常检查与考核；发挥专业部门的作用；做好定置管理的深化工作。

4.3.4　5M1E 法的应用

5M1E 法强调质量是生产出来而非检验出来的，由生产中的质量管理来保证最终质量，生产过程中对质量的检验与控制在每一道工序都进行。重在培养每位员工的质量意识，在每一道工序时都注意质量的检测与控制，保证及时发现质量问题。如果在生产过程中发现质量问题，根据情况，可以立即停止生产，直至解决问题，从而保证不出现对不合格品的无效加工。

工序是产品形成的基本环节，工序质量是保障产品质量的基础，工序质量对产品质量、生产成本、生产效率有着重要影响。企业要寻求质量、成本、效率的改善，提高工序质量是关键。工序标准化作业对工序质量的保证起着关键作用，工序标准化在工序质量改进中具有突出地位。工序质量受 5M1E，即人、机、料、法、环、测六方面因素的影响，工作标准化就是要寻求 5M1E 的标准化。

人机料法环测，缩写是 5M1E，是一种工序质量的分析工具，就是从人-Man（人员）、机-Machine（机器）、料-Material（检品、材料）、法-Methods（方法）、环-Environment（环境、通信）、测-Measurement（质量检查和反馈）六个方面来分析工序质量的影响因素。

1. 关于人员标准化要求

人-Man（人员），就是指在现场的所有人员，包括主管、技术人员、生产员工、吊运工等一切存在的人。人是生产管理中最大的难点，也是目前所有管理理论中讨论的重点，围绕这"人"的因素，各种不同的企业有不同的管理方法。人的性格特点不一样，那么生产的进度，对待工作的态度，对产品质量的理解就不一样。有的人温和，做事慢、仔细，对待事情认真；有的人性格急躁，做事只讲效率，缺乏质量，但工作效率高；有的人内向，有了困难不讲给组长听，对新知识、新事物不易接受；有的人性格外向，做事积极主动，但是好动，喜欢在工作场所讲闲话。那么，作为他们的领导者，你就不能用同样的态度或方法去领导所有人。应当区别对待（公平的前提下），对不同性格的人用不同的方法，使他们能"人尽其才"，发掘性格特点的优势，削弱性格特点的劣势，也就是要善于用人。人员的标准化要求包括以下几方面：

1）生产人员符合岗位技能要求，经过相关培训考核。

2）对特殊工序应明确规定特殊工序操作人员、检验人员应具备的专业知识和操作技能，考核合格者持证上岗。

3）对有特殊要求的关键岗位，必须选派经专业考核合格、有现场质量控制知识、经验丰富的人员担任。

4）操作人员能严格遵守公司制度和严格按工艺文件操作，对工作和质量认真负责。

5）检验人员能严格按工艺规程和检验指导书进行检验，做好检验原始记录，并按规定报送。

2. 关于设备维护和保养的标准化要求

机-Machine（机器）是指生产中所使用的设备、工具等辅助生产用具。在生产过程中，设备的是否正常运作，工具的好坏，都是影响生产进度、产品质量的要素。一个企业要发展，除了人的素质要有所提高，企业外部形象要提升，公司内部的设备也要更新。为什么呢？好的设备能提高生产效率，提高产品质量。如改变过去铸件全部铲磨除锈为现在的抛丸，效率提升了几十倍，原来速度慢，人的体力也要接受很大考验，现在，人也轻松，效率也提高了。所以说，工业化生产，设备是提升生产效率的另一有力途径。设备的标准化要求包括以下几方面：

1）有完整的设备管理办法，包括设备的购置、流转、维护、保养、检定等均有明确规定。

2）设备管理办法各项规定均有效实施，有设备台账、设备技能档案、维修检定计划，有相关记录，记录内容完整准确。

3）生产设备、检验设备、工装工具、计量器具等均符合工艺规程要求，能满足工序能力要求，加工条件若随时间有变化，能及时进行调整和补偿，保证质量要求。

4）生产设备、检验设备、工装工具、计量器具等处于完好状态和受控状态。

3. 关于生产物料（料）的标准化要求

料-Material（检品、材料）指物料，包括半成品、配件、原料等产品用料。现在工业产品生产的分工细化，一般都有几种甚至几十种配件，或者部件是由几个部门同时运作的。当某一部件未完成时，整个产品都不能组装，造成装配工序停工待料。不论你在哪一个部门，你工作的结果都会影响到其他部门的生产运作。当然，不能只顾自己部门的生产而忽略后工序或其他相关工序的运作，因为企业运作的是否良好是整体能否平衡运作的结果。所以管理者在生产管理工作中，必须密切注意前工序送来的半成品、仓库的配件、自己工序的生产半成品或成品的进度情况。一个好的管理者，是一个能纵观全局的人，能够为大家着想的人。物料的标准化要求包括以下几方面：

1）有明确可行的物料采购、仓储、运输、质检等方面的管理制度，并严格执行。

2）建立进料验证、入库、保管、标识、发放制度，并认真执行，严格控制质量。

3）转入本工序的原料或半成品，必须符合技术文件的规定。

4）所加工出的半成品、成品符合质量要求，有批次或序列号标识。

5）对不合格品有控制办法，职责分明，能对不合格品有效隔离、标识、记录和处理。

6）生产物料信息管理有效，质量问题可追溯。

4. 关于工序管理方法（法）的标准化要求

法-Methods（工序管理方法）顾名思义，是指法则，即生产过程中所需遵循的规章制度。它包括：工艺指导书，标准工序指引，生产图样，生产计划表，产品作业标准，检验标准，各种操作规程等。它们在这里的作用是能及时准确地反映产品的生产和产品质量的要求。严格按照规程作业，是保证产品质量和生产进度的一个条件。工序管理方法的标准要求包括以下几方面：

1）工序流程布局科学合理，能保证产品质量满足要求，此处可结合精益生产相关成果。

2）能区分关键工序、特殊工序和一般工序，有效确立工序质量控制点，对工序和控制点能标识清楚。

3）有正规有效的生产管理办法、质量控制办法和工艺操作文件。

4）主要工序都有工艺规程或作业指导书，工艺文件对人员、工装、设备、操作方法、生产环境、过程参数等提出具体的技术要求。

5）特殊工序的工艺规程除明确工艺参数外，还应对工艺参数的控制方法、试样的制取、工作介质、设备和环境条件等做出具体的规定。

6）工艺文件中重要的过程参数和特性值经过工艺评定或工艺验证，特殊工序主要工艺参数的变更，必须经过充分试验验证或专家论证合格后，方可更改文件。

7）对每个质量控制点规定检查要点、检查方法和接收准则，并规定相关处理办法。

8）规定并执行工艺文件的编制、评定和审批程序，以保证生产现场所使用文件的正确、完整、统一性，工艺文件处于受控状态，现场能取得现行有效版本的工艺文件。

9）各项文件能严格执行，记录资料能及时按要求填报。

10）大多数重要的生产过程采用了控制图或其他控制方法。

5. 关于生产环境（环）的标准化要求

环-Environment（环境、通信）指生产环境。对于某些产品（电脑、高科技产品）对环境的要求很高。环境也会影响产品的质量。比如：音响的调试时，周围环境要求应当很静。食品行业对环境也有专门的规定，否则，产品的卫生不能达到国家规定的标准。现在对工业制造企业也要求按 ISO14000 标准进行环境管理。生产环境的标准要求包括以下几方面：

1）有生产现场环境卫生方面的管理制度。

2）环境因素如温度、湿度、光线等符合生产技术文件要求。

3）生产环境中有相关安全环保设备和措施，职工健康安全符合法律法规要求。

4）生产环境保持清洁、整齐、有序，没有与生产无关的杂物。可借鉴 6S 相关要求。

5）材料、工装、夹具等均定置整齐存放。

6）相关环境记录能有效填报或取得。

6. 测量的主要控制措施

对测-Measurement（质量检查和反馈）的控制是指质量检查和反馈时采取的方法应标准、正确，主要控制措施包括以下几方面：

1）确定测量任务及所要求的准确度，选择使用具有所需准确度和精密度能力的测试设备。

2）定期对所有测量和试验设备进行确认、校准和调整。

3）规定必要的校准规程。其内容包括设备类型、编号、地点、校验周期、校验方法、验收方法、验收标准，以及发生问题时应采取的措施。

4）保存校准记录。

5）发现测量和试验设备未处于校准状态时，立即评定以前的测量和试验结果的有效性，并记入有关文件。

4.4　创新方法在生产管理中的应用效果

共享铸钢公司从 2014 年 11 月开始策划、开发生产计划排产 MES 系统，在此基础上于 2015 年 6 月开始建设"高速路"生产管理模式。通过"高速路"生产管理模式的研究和建设，共享铸钢公司成功开发、应用了动态数据测算系统、生产计划 MES 排产系统、关键工序排产系统、生产执行风险管控系统、生产在制风险管控系统和手机 APP 系统。

这使共享铸钢公司的生产管理水平得到了很大提升，同时生产效率大幅提高，人均吨位产量提高了 36.7%，生产周期缩短了 44.9%。

图 4-23 所示为人均吨位产量统计。

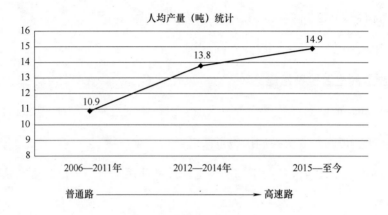

图 4-23　人均吨位产量统计图

图 4-24 为生产周期统计。

图 4-24　生产周期统计图

第5章

阿米巴经营模式、六西格玛理论、海因里希法则在质量管理中的融合与应用

彭　凡　罗永建　胡进林　唐钟雪　马文治

　　质量是企业的生命，是一个企业整体素质的展示，也是一个企业综合实力的体现。企业要想长期稳定发展，必须围绕质量这个核心开展生产，加强产品质量管理，才能生产出高品质的产品。本章将重点介绍阿米巴经营模式、六西格玛理论、海因里希法则这三种创新方法在制造企业质量管理中的融合应用。

　　通过"阿米巴"式过程质量管理，把企业划分为若干个小微企业，让所有的班组长成为企业的老板，提升检测效率，降低质量成本，同时化解一直以来的生产质量管理矛盾，提高过程检验的及时性、准确性，最终提高质量控制效率，降低控制成本，提升企业效益。

　　应用六西格玛理论，建立 CSP 项目管理系统，通过 DMCAI 改进流程，提升产品策划、工艺设计、生产过程的符合率，实现质量参数的设计、执行、检查、分析、改进、优化闭环管理，优化设计流程。

　　"海因里希"式质量风险管理通过海因里希 300∶29∶1 法则，把质量管理由问题导向向风险导向转变，由问题纠正向问题预防转变。

5.1 质量管理发展历程

质量不仅对企业发展有至关重要的意义，还能够对社会产生深远的影响。质量好坏是能够决定企业文化、企业发展和企业竞争优势的主要因素。质量还是占领市场最关键的因素，谁能够为用户提供满足或超值的质量，谁就能赢得市场的竞争优势。

产品质量管理应由"检验"变为"预防"，由"堵"变为"疏"。为确保产品质量，现代企业逐步建立了符合自身发展的质量保证体系，并加强了产品质量过程控制、质量改进及质量风险控制。在质量管理方面，现代企业已经以更高的起点，全面导入了质量管理理念。

1. 世界质量管理发展史

世界质量的发展史经历了三个阶段，三个阶段中提出了所对应时代的质量管理的理念及一些与之匹配的质量管理方法，如图 5-1 所示，下文进行简要介绍。

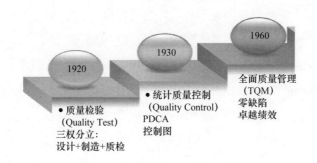

图 5-1　质量管理发展阶段

（1）质量检验阶段

质量检验阶段主要是通过检验的方式来控制和保证转入下道工序的产品质量，产品质量大多是在质量控制层面依靠人工进行专职的检验把关，企业中大量设立了检验人员的职位，专职负责产品检验。这种做法实质是一种"事后把关"的行为，会控制减少一部分风险成本。

（2）统计质量控制阶段

在统计质量控制阶段，质量管理的重点主要是对生产各关键工序质量进行影响因子识别，并对因子定期进行统计分析，及时发现生产过程中的异常情况，并迅速制定有效的措施对策加以解决，使工序保持在稳定状态。这一阶段的主要特点是：从质量管理的指导思想上看，由以前的事后把关，转变为事前的积极预防；从质量管理的方法上看，广泛深入地应用了统计方法。

（3）全面质量管理阶段

全面质量管理是企业管理现代化、科学化的一项重要内容。它于 20 世纪 60年代产生于美国，后来在西欧与日本逐渐得到推广与发展。全面质量管理是全过程的质量管理，不仅要管理生产过程，而且要对设计、采购、储存、销售、售后服务等进行全生命周期的质量管理，并在其中运用统计分析的方法，对质量进行量化管理，也就是看得见的质量管理。

2. 共享铸钢质量管理发展阶段

共享铸钢的质量管理模式也称为共享质量管理模式，如图 5-2 所示。

共享铸钢（KSF）的质量管理主要是在全流程虚拟制造系统的大框架下，对人脑产品、电脑产品、物理产品三部分采取不同以及创新性的质量管理方法，是覆盖质量全生命周期的一套数字化、系统化的管理方式，主要内容如下。

（1）人脑产品

在大多数企业中，人脑产品主要是质量管理人员针对顾客需求的梳理，对顾客提供的各类技术标准、图样、规范等质量文件进行理解转化，建立公司内部能够使用的质量控制文件。

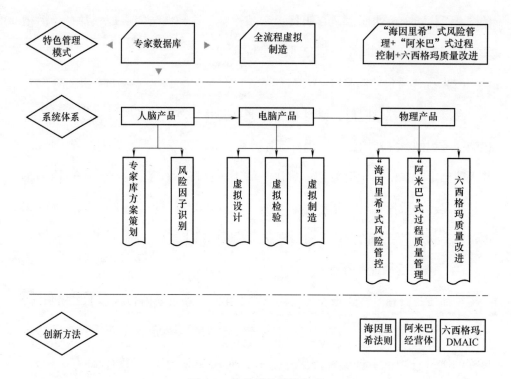

图 5-2　共享质量管理模式

共享铸钢的人脑产品主要围绕专家数据库开展。专家数据库在人脑产品中主要起到以下两方面的作用。

1）难点识别：专家数据库不但会对顾客需求进行转化，更主要能结合专家经验总结找出制造过程难点，并对难点提出建议措施，这样设计人员结合专家数据库信息，就能够设计出利于制造及高质量的产品。

2）多方案策划：结合各方面专家的想法，为每种产品的制造进行多方案设计。一个好的策划方案需要考虑多方因素的配合，要考虑方案实施的可能性、实现费用以及实现风险是否在可控范围之内。所以在多方案策划时，各方案之间的比较以及吸收优化是尤为重要的。

（2）电脑产品

一般来说，电脑产品主要是指通过一些模拟软件对所设计产品的各类属性进行全方位的检测模拟，确保产品在实际生产过程中能够满足设计所期望的各种要求。

模拟软件只是对结果进行了模拟判断，但产品的生产过程控制是缺失的，共享铸钢的电脑产品是在原有模拟软件的基础上加入了全流程虚拟设计。全流程虚拟设计主要包括以下三个方面：

1）虚拟设计：即通过专家数据库经验总结，制定出符合自己公司制造产品的设计过程中的智能设计方法、步骤、标准，实现工艺设计过程标准化、过程节点参数自动计算、历史产品自动引入等智能设计。从而减少人工出错、提高工艺设计效率以及提升实际质量等。

2）虚拟检验：即应用 MAGMA、CAE 等模拟分析软件对顾客需求质量进行模拟分析，纠正设计错误，达到预期质量。将设计阶段产生的问题提前解决，使产品质量、安全、效率、成本等方面均有所保障。

3）虚拟制造：仿真技术解决了虚拟制造问题。过程的虚拟仿真第一项功能是模拟生产过程，在模拟的过程中对产品的生产流程以及设计过程进行判别优化。全流程的虚拟仿真技术的第二项功能是让现场操作人员能够更加清晰地理解设计需求以及操作重点、操作步骤、操作标准，不会和设计思想产生分歧，达到实际生产和设计生产的一致性。

（3）物理产品

大多数企业的物理产品的质量管理主要方式为问题导向式的风险控制、检查员式的过程质量管理以及 DMAIC 式的质量改进，以上三项主要针对产品在生产过程中的质量检验、质量改进、风险预防。

共享铸钢物理产品的质量管理也由质量检验、质量改进以及风险预防三部分组成，本章下面主要针对海因里希式风险控制、阿米巴式过程质量管理、六西格玛-DMAIC 式质量改进，来对物理产品质量管理的发展进行详细论述。

"阿米巴" 在过程质量管理中的应用——KSF 过程质量管理系统

5.2.1 "阿米巴" 在 KSF 过程质量管理中的应用背景

1. 传统过程质量管理

产品在每个生产工序的过程质量是产品质量的重要保障，没有好的过程质量，必定无法得到好的结果质量。铸钢件经历的生产工序多，周期长，且流程多变，对过程质量管理带来了很大难度。

说到过程质量管理，大部分人员首先想到的是 "检查员"。没错，检查员是保证过程质量必不可少的环节，甚至可以说是传统过程质量管理的核心。传统企业没有检查员，就无法对产品的生产过程进行质量把控。

检查员通常设立在两个工步或者两个工序之间，对生产过程的参数和工步/工序的质量结果进行检验把控，然后将检查结果反馈给生产班组和公司，根据检查结果领取薪水，如图 5-3 所示。

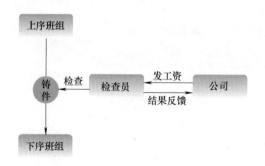

图 5-3 传统过程质量管理

设立过程检查员可能是过程质量管理最便捷、最简单的管理方式，但是它一定不是成本最低、最有效的，而且存在着诸多弊端。

质量控制要求稳定、严谨、持续，企业如果是 24 小时生产，那就得要求 24 小时都有检查员在岗。而检查员是人，是人就避免不了会受到自身及外部各种因素的影响。个人的技能水平、工作态度、经验阅历、情绪心情、沟通方法，外部的工作环境、规章制度、绩效考核、生产计划、领导意见、工人抱怨等，都会影响到检查员的检查结果，从而影响产品的过程质量。由于检查员的不确定性，会导致产品质量检验的不确定性，无形中增加很多质量风险。如图 5-4 中所举的例子，就是我们在生产中会经常见到的情景。

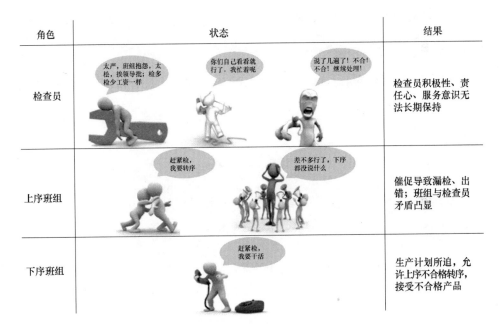

图 5-4 传统过程质量管理问题

另一方面，企业对检查员本身的管理也存在问题。

就拿共享铸钢本身来说，铸钢件产品生产的周期长（4~6 个月），经历的流程多（通常为 64 个工序，200 个工步），每个工步都有各自的关键参数，所有生产工序都是两班倒，部分工序三班倒，因此过程检验的工作量非常繁重。

首先是检查员的数量配置，配置人员较少，无法实时跟踪检查，检查项目查不全；人员配置多，就会造成机构组织庞大，增加管理和人力成本，而且检查效果也不会随着检查人员的增加就会有所好转。共享铸钢检查员最多的时期有 14 名，但是产品质量问题仍然得不到有效解决。

其次就是绩效量化，不管是用结果指标还是过程指标量化都存在弊端。如果用结果衡量，检查员睡在家里也能拿到大部分薪水，因为大部分的产品质量是没有问题的。如果用过程中发现不合格数量来衡量，检查员就不会想着帮班组改进，现场发生的不合格越多他的工资就越高，结果就会造成生产现场抱怨连天，产品流转不畅。因此管理者无法清楚地知道检查员是否在按照要求检测，检查的效果无法准确地量化。

管理者对如何管理检查员非常"头疼"，如图 5-5 所示。

> 1.检查员太少，查不过来，太多，人员机构庞大，增加管理、人力成本；
> 2.检查员是不是在按照我的要求检，如何跟踪检查效果？不让检查流于形式
> ……

管理者

图 5-5　如何管？

2. 过程质量管理进阶版

基于 1.0 版本的种种问题，共享铸钢开发出了过程质量管理进阶版 2.0 版本取消检查员，由下序对上序生产的结果进行检查评价。公司根据下序的检查结果，对上序进行一定的奖励或者考核，如图 5-6 所示。

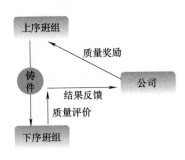

图 5-6　公司主管过程控制质量

这种方法有效地精简了质量管理的组织机构，大幅度减少了过程质量管理的人力成本，提高了产品在工序间的运转效率，同时也加强了上、下序之间的过程沟通、交流，规避了检查员时代的诸多弊端。

为了提高班组干出"精品"的责任心和积极性，公司制定了过程质量的奖罚办法，根据下序班组检查出来的问题数，核算上序班组的转序符合率，对符合率高的班组给予一定金额的质量奖励，符合率低的班组进行考核惩罚，以此来激发上序班组在操作过程中保证质量的责任心，确保转序后，下序不会检查出问题。

这种模式在执行一段时候后，我们仍然发现存在一些问题，如图 5-7 所示。最主要的问题就是下序班组对上序班组质量检查的积极性不高，检查效果无法

图 5-7　公司主管过程质量存在的问题

139

评价。我们仍然不知道下序的班组是不是在按照要求进行检查，实际情况有本班组的生产任务重，没时间检查；不按照铸件真实的质量情况评价，恶意评价不合格的；还有跟上序班组成员关系比较好，不检查就全部评价合格的。

就在我们苦苦思索如何解决现存的问题的时候，稻盛和夫和他的"阿米巴"经营模式为我们带来了曙光。

5.2.2 什么是"阿米巴"式过程质量管理

1. 阿米巴经营模式

阿米巴经营模式的本质是一种量化的赋权管理模式。阿米巴经营模式与"经营哲学""经营会计"一起相互支撑，是一种完整的经营管理模式，是企业系统竞争力的体现。

图 5-8 为阿米巴经营体的模式。

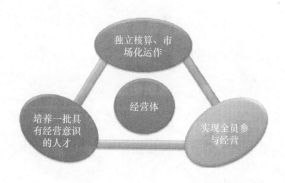

图 5-8　阿米巴经营体

阿米巴经营模式的本质是"量化分权"，推行时应该遵循基本的规律，由上到下，由大到小，分层逐步推进。

这种模式的优势在于：

1）提高员工参与经营的积极性，增强员工的动力，为企业快速培养人才；

2）小集体是一种使效率得到彻底检验的系统，能够将"销售额最大化、经费最小化"的经营原则在企业内部彻底贯彻；

3）企业领导人能够时刻掌握企业经营的实际状况，及时做出正确决策，降低企业经营的风险；

4）把大企业化小来经营，能够让企业保持大企业规模优势的同时，具备小企业的灵活性；

5）组织能够灵活应对市场环境变化而迅速调整，帮助企业在竞争中立于不败之地。

2. 过程质量管理理想版

我们根据"阿米巴"经营理念，将上、下序的关系进行重新定义，下序对上序不仅仅是检查评价，而是买卖关系，市场化经营。上序作为供方（乙方）将生产完的产品卖给下序，下序作为顾客（甲方）从上序采购已完工的产品。这样下序就有责任和义务对从上序采购的产品进行质量检验，验收评价，如果质量无问题，不影响本序操作，就向上序支付质量合格费用。如果下序发现质量问题，就不用支付费用。

这样一来，下序在接到上序的产品后，就会严格按照标准把关，不会偷懒或者跟上序"哥俩好"而不检查，因为上序产品质量合格后，下序需要支付质量费用。而上序也会努力把产品干合格，让下序找不出毛病，上序就可以从下序拿到质量费用。

为了让上序班组最大限度地品尝到好质量带来的"甜头"，我们额外设立了质量效益奖。上序产品生产合格了，不仅是它的直接下序收益，后面的相关工序也会得到很大的收益。比如模型、造型、合箱等前序干出精品产品，产品的焊接、气刨量就会大幅度下降，就会为焊接、气刨班组节约大量返修成本。而焊接、气刨班组就将节约的成本拿出一定比例补偿前序。反之亦然，如果前序班组生产质量差导致后序焊接、气刨成本增加，那前序班组也应该拿出部门费用对后序进行补偿。

图 5-9 所示就是我们所说的"阿米巴"式过程质量管理模式。

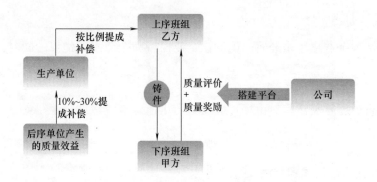

图 5-9　　"阿米巴"式过程质量管理模式

举个具体的例子，铸钢件的生产在造型阶段会经历如下几个工序：

模型准备——→造型——→制芯——→合箱---→焊接——→气刨

如图 5-10 所示，在模型准备工序，模型及芯盒的表面质量、尺寸问题等会对它后面的造型和制芯工序造成影响，因此造型班组和制芯班组在接收到模型准备

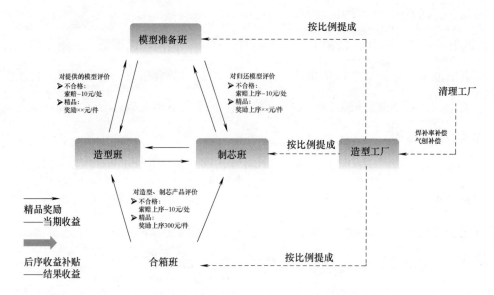

图 5-10　　"阿米巴"式过程质量管理实例

班组提供的模型时，要对模型的相关质量参数进行检查评价，如果模型质量符合标准要求，造型和制芯班组就要给模型准备班组支付质量奖励费用，如果发现不合格，就向模型准备班组进行质量索赔。合箱工序与造型、制芯工序也是如此。

当造型和制芯工序使用完模型，返还给模型班组的时候，模型班组就成了下序，从造型和制芯班组接收模型，他们就需要对返还回来的模型进行验收评价，查看模型是否在使用过程中有损坏。同样，符合模型返回标准，模型班组就节约了模型返修的费用，从节约的费用中提成一部分奖励给造型和制芯班组。

模型、造型、制芯、合箱共同努力的结果就是后序的焊接、气刨成本下降，后序焊接、气刨班组从节约的成本中提成一部分给前序班组进行质量奖励。

这样，通过上、下工序，前、后工序互相影响、相互经营体的关系，形成一个过程质量管控的闭环，一个过程质量管理的良性循环。企业只需要搭建一个能够实现班组之间相互评价、费用往来的系统平台，不会产生其他额外的人力或者管理成本。

5.2.3 "阿米巴"式过程质量管理系统建设及应用

1. 过程质量管理系统的任务

过程质量管理系统的任务一般分为 3 个方面，如图 5-11 所示。

图 5-11 系统任务

1）精细控制："阿米巴"式的过程质量管理不同于以往的粗放、简单的质量管理，而是以数据、精细为主。确保每一个参数可以量化，以数据表示。对于一些摆放、支垫等以图示表示的参数，需要建立图片标准，让工人进行拍照对比。

2）数据采集：建立过程参数自动收集系统，对于一些关键的过程参数（例如热处理参数、熔炼成分等）采用系统自动收集、管理，实现 24 小时监控。减少人为监控记录，同时排除人为影响因素。

3）持续改进：对系统收集的过程参数数据，通过趋势走向及大数据分析，监控产品质量的稳定性，同时找出潜在的质量影响因子及改进点，修改工艺参数及控制标准，实现持续改进。

2. 过程质量管理系统的特点

过程质量管理系统的特点如图 5-12 所示。

图 5-12 "阿米巴"式过程质量管理系统的特点

1）智能便捷：过程质量管理系统开发为 APP，如图 5-13 所示。现场工人可装在手机上直接使用。公司车间已全部覆盖无线网，工人可随时随地进行评价，避免了以前走很长的距离找电脑评价的弊端。而且，APP 使用界面更加友好，人性化，操作更加简单便捷。

2）生产融合：APP 中的评价计划全部引自生产 MES，MES 中所有的生产计

图 5-13　质量管理手机 APP 界面

划（包括生产班组和工程师的工作计划）都可以在 APP 中进行查看，并对相关
的过程参数进行汇报。同时将工程参数的评价及完工汇报集成在一起，当 APP
中的所有参数汇报合格后，MES 自动完成完工转序汇报，能够将质量和生产高
效、智能地融合在一起，如图 5-14 所示。

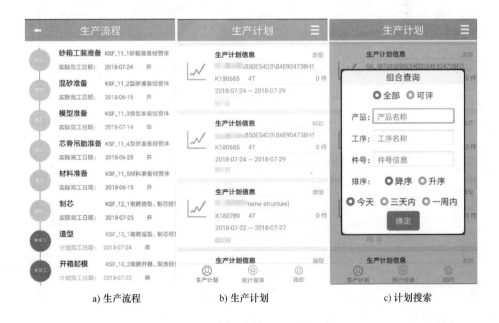

a) 生产流程　　　　　　　b) 生产计划　　　　　　　c) 计划搜索

图 5-14　手机 APP 界面 – 任务下达

3）数据基础：过程质量参数90%以上实现量化评价，以数据为基础，评价结果必须为数据，方便大数据的统计分析。剩余参数全部为图示标准，现场必须拍照与标准进行对比。避免过程记录不准确，模糊、歧义等现象存在，如图5-15所示。

a) 工步信息   b) 作业指导书

图5-15 手机APP界面-执行参数

4）过程控制：根据工序作业指导书以及工序标准，班组生产时需在APP中根据质量标准对上序以及本序质量进行检查，达到"不接受缺陷、不制造缺陷、不传递缺陷"的三不目的，如图5-16所示。

5）经营核算：建立精品奖励和质量索赔规则，在APP中根据质量符合率和下序评价的不符合项，直接计算本工步班组从下序获得的质量奖励收入及需要赔付给下序的索赔费用，自动纳入经营体核算表。精品奖励的收入和索赔的收支通过经营体核算表落实到经理及员工的个人量化卡中。经营核算是"阿米巴"式过程质量管理的关键，如图5-17所示。

a) 工序参数　　　　　　　b) 质量自评

图 5-16　手机 APP 界面-班组检验

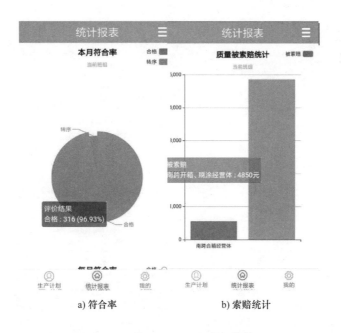

a) 符合率　　　　　　　b) 索赔统计

图 5-17　手机 APP 界面-班组核算

5.3 "六西格玛"在质量改进中的应用——CSP 项目管理

5.3.1 "六西格玛"在质量改进中的应用背景

传统铸造业是典型的粗放式的手工作业,李克强总理将其描述为"傻大黑粗"。传统铸造业能耗和原材料消耗高,车间环境恶劣,污染严重;而且铸件生产成本高,质量差,附加价值低;生产过程基本上都是手工作业,过程质量管理水平低。

共享集团致力于改造铸造行业现状,在共享铸钢成立初期就已经确定走精益生产的道路。"六西格玛"正是通过"精益"的理念,降低企业生产成本,提高产品质量,实现产品"零缺陷"。共享集团的第一大客户 GE,也成功地在企业内部推进了"六西格玛"管理,并取得了良好的效果。因此,共享集团也将"六西格玛"作为我们的工作方式,写进了企业文化手册的"创新观"中,如图 5-18 所示。

图 5-18　企业文化手册部分

5.3.2 什么是"六西格玛"质量管理

"σ"（读音 Sigma）是一个希腊字母，是测量的统计单位，用于描述某一过程特性参数的离散程度，是一种评估产品和生产过程特性波动大小的统计量。西格玛水平越高，过程满足质量要求的能力就越强。6σ 质量水平表示质量特性的缺陷率仅为 3.4ppm，即每百万个缺陷机会数中存在 3.4 个缺陷，产品合格率为 99.999660%。σ 质量水平如图 5-19 所示。

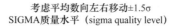

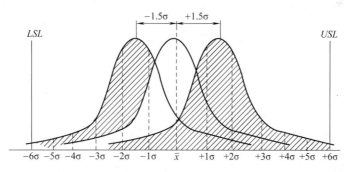

图 5-19　σ 质量水平

六西格玛管理方法是 20 世纪 80 年代中期，由当时的美国摩托罗拉公司最先提出来的。主要强调制定极高的目标、收集数据以及分析结果，通过这些来减少产品和服务的缺陷。六西格玛背后的原理就是如果你检测到你的项目中有多少缺陷，你就可以找出如何系统地减少缺陷，使你的项目尽量完美的方法。一个企业要想达到六西格玛标准，那么它的出错率不能超过百万分之 3.4。

六西格玛包括两个过程：DMAIC 和 DMADV，它们是整个过程中两个主要的步骤。六西格玛 DMAIC 是对当前低于六西格玛规格的项目进行定义、测量、分析、改进以及控制的过程。六西格玛 DMADV 则是对试图达到六西格玛质量的新产品或项目进行定义、测量、分析、设计和验证的过程。而铸造行业的质量管理水平普遍是低于六西格玛的，因此我们的研究应用重点在 DMAIC 阶段。

DMAIC 是 指 定 义（Define）、测 量（Measure）、分 析（Analyze）、改 进（Improve）、控制（Control）五个阶段构成的过程改进方法，如图 5-20 所示。

图 5-20　DMAIC 流程

（1）定义（Define）

定义是六西格玛 DMAIC 方法的第一阶段，此阶段主要任务是确定项目"CTQ"、建立项目小组、定义流程图。在此阶段中需要进行的主要工作有顾客需求分析、界定项目范围、确定项目测量指标、编制和完善立项表等。

（2）测量（Measure）

测量阶段是 DMAIC 的第二个阶段，该阶段的主要任务是进行数据收集和评估，测量过程中需要通过一些有效的测量方法，获得对问题数据有效的测量，数据从哪儿采集的，是否具有有效性，需要对这些问题进行确认。

（3）分析（Analyze）

分析阶段主要任务通过各类统计分析工具对测量的有效数据进行统计分析，是寻找问题发生的根本原因。运用统计分析，检测影响结果的潜在变量，找出问题发生的根源。

（4）改进（Improve）

改进阶段的主要任务是根据分析结果，找出提升质量的关键因子和质量特性的最佳解决方案，然后制订行动计划，并进行落实执行。这个步骤需不断进行统计验证，以确认方案是否真正发挥效用，减少错误。

（5）控制（Control）

控制阶段的主要任务是确保所做的改进措施能够长期有效地持续执行下去，并通过不断测量，避免错误再度发生。在六西格玛改进中，控制是它能长期改善品质与成本的关键。

5.3.3　"六西格玛"质量改进系统的建设及应用

结合六西格玛-DMAIC 的方法流程，共享铸钢公司策划开发了 CSP 项目管理系统。其目的在于促使六西格玛项目规范化、专业化管理，推动 DMAIC 方式在实际工作中的有效运用，确保项目计划的有效完成，提高项目工作的产出效益，促进公司技术、质量、管理水平的持续改进和提高。此外，通过开展实施六西格玛项目，培养一批具有六西格玛系统知识和理念的专业化、专家化的经理、技术/管理业务人员，提高公司的创新能力，增强公司核心竞争力。

1）立项管理：立项主要依托现场不合格系统以及公司创新需求进行项目的立项，项目立项后需要经过专家组的讨论进行立项审批，立项审批主要依托项经济效益（包含质量、成本、效率、安全、交期效益核算）进行，审批通过后进行项目的策划，策划主要是制定各阶段完成目标、日期、责任人等工作，如图 5-21、图 5-22 所示。

2）过程管理：项目的过程管理遵照 DMAIC 开展流程设计，按照定义、测量、分析、改进、控制五个阶段开展，项目负责人每月进行项目计划申报，月底对计划的完成情况进行汇报，CSP 经理对项目实施结果以及效果进行检查评价，如图 5-23 所示。

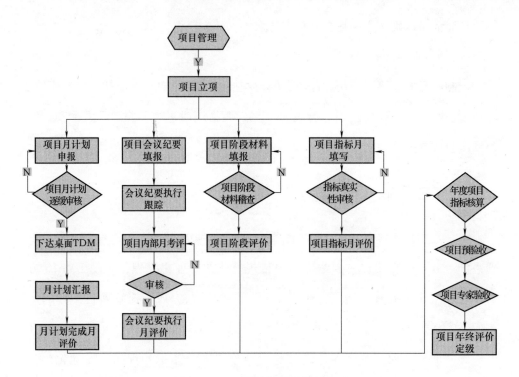

图 5-21   CSP 项目管理系统框架图

图 5-22   CSP 项目管理系统-立项管理

图 5-23　CSP 项目管理系统 – 过程管理

3）项目验收：项目完成后由专家组根据 CSP 工具使用、创新水平、实施过程、成果推广性、质量状况、阶段计划完成情况、经济效益等多方面进行综合性评价，通过评价能够整体展现出项目质量，项目验收后会针对个人年度项目参与情况进行综合性评价，评价结果纳入个人年终考核，如图 5-24 所示。

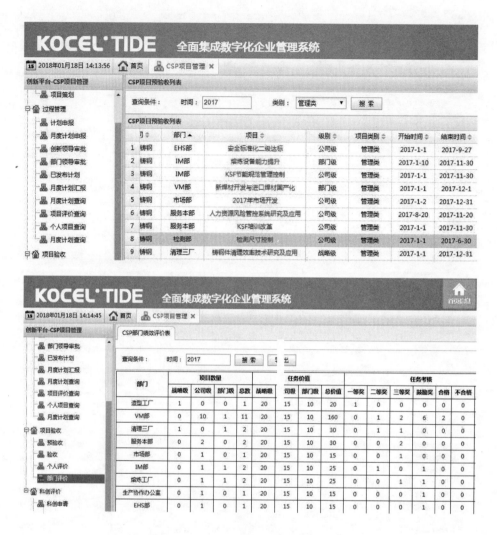

图 5-24　CSP 项目管理系统-项目验收

5.4　"海因里希"式质量风险管理

5.4.1　传统"救火式"的质量管理模式

大多数企业现行的质量管理模式都是"救火式"的质量管理。何为"救火式"的质量管理模式？在企业中，很多问题都会集中在某一个"爆点"上，而管理者的管理方法和手段就是针对这个"爆点"处理了事。也就是说，企业的质量负责人只是在质量问题发生时，才开始行动，仅针对当前的发生的问题进行处理。就像灭火队员，哪里起火往哪跑，灭完火后又跑去下一个起火点。这是典型的"头痛医头，脚痛医脚"，可称之为"救火式"的质量管理方式。

"救火式"的质量管理模式可以分为两个阶段。

1. 第一阶段，由"点"到"点"

通俗地讲，就是哪里着火灭哪里，灭完了事。这种方式，只是处理当前的问题，做的更深一步，也只是就当前已经发生的问题提出纠正、预防措施，不会举一反三。

例如，如图 5-25 所示，钥匙掉在地上，一般质量管理人员的做法只是把它捡起来。再更深一步，就会思考钥匙为什么会在地上？我把它捡起来后应该怎么避免它再次掉下来？想出办法，然后实施、预防。

图 5-25　捡起来就 OK 啦

图 5-26 所示救火式质量管理方式的弊端显而易见："头痛医头，脚痛医脚"，不会从根本上去分析、解决问题。结果就是，灭完东头的火，西头又起火，西头的火还没来得及灭，南边又起火，问题四起，四面楚歌。而质量管理人员就如灭火队员，整天就疲于奔波，到处灭火。徒劳造成企业损失及人力成本的浪费，毫无效果。

图 5-26　救火式质量管理

2. 第二阶段，由"点"到"面"

参考图 5-27 所示，这里的面有横向、纵向两个方面。

图 5-27　由点到面

从横向来看的"面"是举一反三，由一个问题想到同类型的多个问题。例如，当钥匙掉在地上之后，我们应该立刻想到钱包、手机、证件等其他东西会不会也会掉在地上，从而进行全面有效的检查，将同类型的问题消除在萌芽状态，不让它发生。

从纵向来看的"面"是体系、流程，由发生问题的一个"点"，追根溯源，找出导致这一问题发生的所有因子，通过对这些影响因子的分析判断，诊断检查我们现有的管理体系及相关流程是否存在漏洞，进而对体系和流程进行优化、改进。

其实能做到第二阶段的质量管理模式是实属不易的，KSF 当前的管理水平已处于这个阶段。但是，第二阶段由"点"到"面"的管理方式也存在一些弊端。

首先，它跟第一阶段一样，都是"问题导向"。不管是"点"到"点"还是"点"到"面"，都得先有这个"点"。也就是说，只有当质量问题发生了，才能进行后面的工作。这时候已经对企业造成了损失，再怎么做也是亡羊补牢。

其次，在实际生产过程中，往往很难判断这个"点"是偶然事件还是因为体系或者流程存在漏洞导致的必然事件。而完善和优化体系、流程往往是比较耗时耗力的，而且随着涉及面的增加，牵扯的人员增多，执行的困难也是呈指数增加的。如果因为一个偶发事件，一味追求"面"上的优化改进，也将是事倍功半，得不偿失。

因此，基于以上传统思维模式下"救火式"质量管理的弊端，KSF 参考"海因里希"安全事故法则，建立了"海因里希"式的质量风险管理模式。

5.4.2 什么是"海因里希"式质量风险管理

海因里希法则（图 5-28）是海因里希统计了 55 万件机械事故，从中得出的

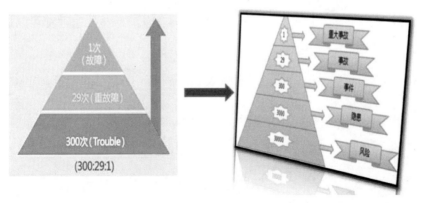

图 5-28 海因里希法则

一个重要结论，即在机械事故中，死亡、重伤、轻伤和无伤害事故的比例为1：29：300，国际上把这一法则叫事故法则。这个法则说明，在机械生产过程中，每发生330起意外事件，有300件未产生人员伤害，29件造成人员轻伤，1件导致重伤或死亡。这个统计规律说明了要防止重大事故的发生，必须减少和消除无伤害事故，要重视事故的苗头和未遂事故，否则终会酿成大祸。

质量风险管理也是符合海因里希法则的。"海因里希"式质量风险管理是希望让大家了解到所有质量事故的发生虽说有偶然性，但是质量危险因素或动作在事故发生之前已暴露过许多次，如果在事故发生之前，抓住时机，及时消除不安全因素，许多重大质量事故是完全可以避免的，所以"海因里希"式质量风险管理就是要抓基础，找出风险因子，并利用合适的方法在合适的时机由合适的人或系统进行有效预防控制。

"海因里希法则"多被用于企业的生产管理，特别是安全管理中。"海因里希法则"对企业来说是一种警示，它说明任何一起事故都是有原因的，并且是有征兆的；它同时说明安全生产是可以控制的，安全事故是可以避免的；它也给了企业管理者生产安全管理的一种方法，即发现并控制征兆。具体来说，利用"海因里希法则"进行生产的安全管理主要步骤如下：

1）首先任何生产过程都要进行程序化，这样使整个生产过程都可以进行考量，这是发现事故征兆的前提。

2）对每一个程序都要划分相应的责任，可以找到相应的负责人，要让他们认识到安全生产的重要性，以及安全事故带来的巨大危害性。

3）根据生产程序的可能性，列出每一个程序可能发生的事故，以及发生事故的先兆，培养员工对事故先兆的敏感性。

4）在每一个程序上都要制定定期的检查制度，及早发现事故的征兆。

5）在任何程序上一旦发现生产安全事故的隐患，要及时地报告，要及时地排除。

6）在生产过程中，即使有一些小事故发生，可能是避免不了或者经常发生，也应引起足够的重视，要及时排除。当事人即使不能排除，也应该向安全负责人报告，以便找出这些小事故的隐患，从而及时排除，避免安全事故的发生。

5.4.3 "海因里希"式质量风险管理系统建设及应用

1. 质量风险管理系统的特点

1）数据核心：质量风险管理系统的一切依赖于数据，要尽可能地收集、积累、分析所有与产品生产过程中人、机、料、法、环相关的风险数据。数据为一切风控处理、决策提供依据。

2）抓重点：风险控制的好坏不在于某一点的防御质量，而在于防御体系的最薄弱环节。因此，风险控制的目的不在于消灭风险，而在于敏捷、持续地控制风险。

3）持续改进：风险是会不断产生并存在的，风险的识别业务先于风控建立，风控因业务的存在而存在。因此风控要帮助业务看清问题并提供方案，适应业务的场景需求、发展需求。在系统的建设中，要保证低侵入性，尊重用户体验。

风险控制管理系统如图 5-29 所示。

2. 质量风险管理系统的任务

（1）事前：提升防御能力，减少短板

• 集众智：集众智识别各类产品在生产过程中的风险因子、风险测量办法等。

• 数据准备：打通数据收集流程，制定预警规则等。

图 5-29　风险控制管理系统

● 主动防护：关注业界风险动态，发生行业安全事件后，或重大活动、产品改动上线前，制定有针对性的规则，甚至采取锁定高危账户、发送预警消息等措施。

（2）事中：提升攻击成本，降低损失

实际产品生产过程中，风险控制主要用以下两种控制方式进行过程中的风险控制。

1）人员控制风险行为：实时预警，告知风险控制负责人，进行风险测量以及评判。

2）系统控制风险行为：对数据进行实时测量，通过对数据的判断限制操作行为来达到控制目的。

（3）事后：快速响应，不断优化

由于产品以及环境都在不断变化中，因此风险控制系统本身也要接受反馈不断进化，即要监控风险控制效果，优化规则和策略。

3. 质量风险管理系统

风险控制的方法丰富多样，实施的难点在于如何将抽象的理论变为实际可用的系统，质量风险管理系统要解决的问题主要有如下几个方面（图 5-30）。

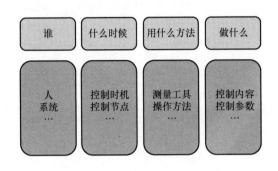

图 5-30　系统解决问题

1）如何安排合适的控制人员去控制适合的产品？

2）如何能够准确有效地寻找出不同产品在生产流程中风险控制的节点及时机，让各模块"各司其职"而又满足各不同场景的需求？

3）如何准确监控风险现状，快速配置和调整策略，让风控可运营化？

下面从基础数据、过程控制、统计分析三方面介绍质量风险管理系统的一些设计要点。

（1）质量风险管理系统-基础数据

基础数据主要通过责任人以及专家组来确定，确定出产品的风险点、风险因素、评判标准、测量方法对风险进行识别，另通过质量改进系统对风险进行不断识别及改进。数据分析如图 5-31 所示。

1）专家组确定：传统数据库系统缺乏知识，只能处理静态数据，而专家系统的应用领域狭窄，不能访问现存数据库，又妨碍了专家系统的有效应用。数据库和人工智能这两个领域单独发展的局限性，促使了两者需要取长补短，共

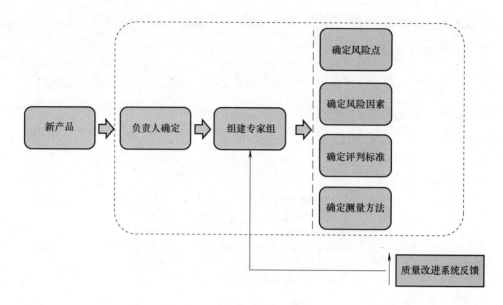

图 5-31　数据分析

同发展。专家系统是一类具有专门知识和经验的计算机智能程序系统，通过对人类专家的问题求解能力的建模，采用人工智能中的知识表示和知识推理技术来模拟通常由专家才能解决的复杂问题，达到具有与专家同等解决问题能力的水平。而专家组的确定在其中尤为重要，专家组确定主要参照以下几个方面：

① 专家要求是来自于多个领域的专家，这样形成的参考方案不会片面化。

② 专家要求有丰富的知识及经验。

③ 专家人数要适当，不要过多或过少。

2）风险识别-风险点识别：

① 梳理产品质量需求要全面，不能有遗漏，不管是硬件还是软件方面。如铸件产品质量风险识别，硬件包括外观、化学成分、性能、NDT、尺寸，软件包括报告。

② 确定每种产品质量需求风险，从顾客对产品软硬件每一项质量需求中，去细分哪些要求可能会存在风险。

风险点识别如图 5-32 所示。

图 5-32　风险点识别

③ 根据每种产品质量风险，确定风险可能会存在的生产工序以及控制节点。

风险控制点识别如图 5-33 所示。

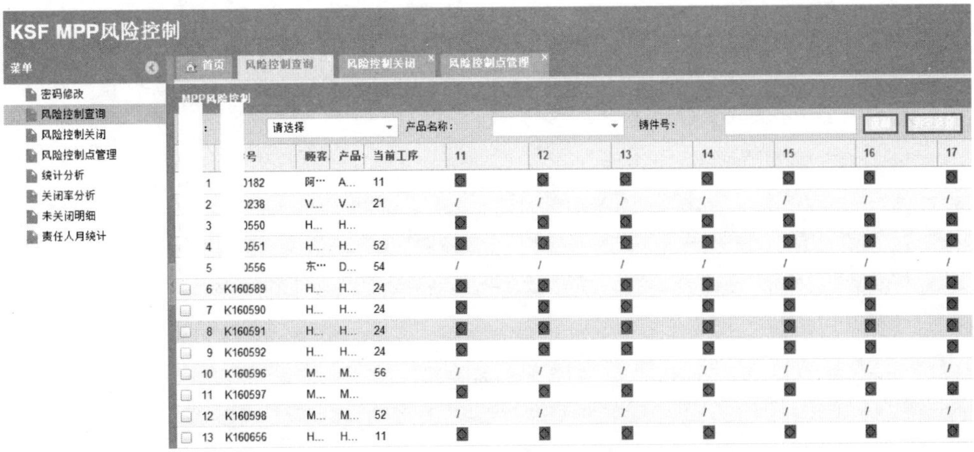

图 5-33　风险控制点识别

④ 对工序以及控制节点存在的风险进行控制标准制定，标准要求可测性、及时性。标准建议数据化以及采用对比式图示形式为佳。

⑤ 针对每一条测量标准要求制定相应的测量方法。

（2）质量风险管理系统 – 过程控制

1）过程控制要实现及时性。建议系统能够实现邮件以及手机短信提醒功能，在到达风险工序或控制节点时能够自动、快速提醒责任人及时进行现场测量、关闭。

2）责任人现场必须按照标准要求，上传测量数据并给出风险测量结论，结论包括合格与否以及后续跟踪处理意见。

风险通知如图 5-34 所示。

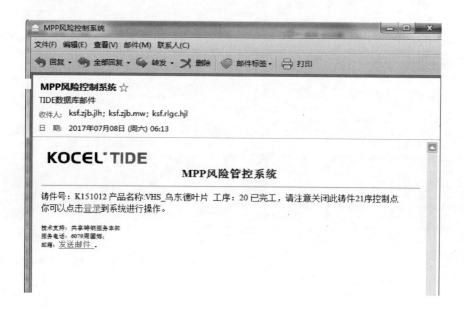

图 5-34　风险通知

（3）质量风险管理系统-统计分析

1）产品问题关闭率统计。针对每一件产品进行风险关闭情况统计，分析未关闭原因，制定措施，防止风险未关闭情况的再次发生。

2）负责人问题关闭率统计。对责任人每月的问题关闭率进行统计分析，并制定量化措施，推进关闭率的提升。

统计分析如图 5-35 所示。

图 5-35　统计分析

5.5 创新方法在质量管理中的应用效果

通过"阿米巴"式质量过程控制、6σ – CSP 质量项目改进及"海因里希"式质量风险管理，共享铸钢公司的产品质量得到了很大提高，检验费用大幅度降低，实现了全员的自主质量管理模式，实现了质量管理"不接受缺陷、不制造缺陷、不传递缺陷"的三不原则。

创新方法应用效果如图 5-36 所示。

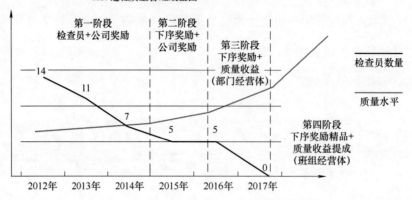

图 5-36　创新方法应用效果

第6章

阿米巴经营模式的创新应用——"共享经营体"的创建及应用

彭　凡　罗永建　李　龙　彭志诚

在"大众创业，万众创新"的今天，全民创业、创新已经成为社会的风向标。 作为传统的铸造企业，面对日趋严峻的外部市场和原辅材料价格大幅度上涨，共享铸钢公司推行企业内部的管理创新和公司内部的全员自主经营，更大程度地挖掘企业内部的创新潜能，提高员工的创新、创业热情，迎合时代的发展，确保企业立于不败之地。

6.1 "共享经营体"概述

6.1.1 "阿米巴"经营模式的要点

"阿米巴"经营模式是京瓷创始人稻盛和夫先生所创立的的企业独立核算管理制度。所谓阿米巴经营模式就是将整个公司分割成许多个被称为阿米巴的小微型经营组织，每个小微型经营组织作为一个独立的经营和利润中心并能够独立核算，按照一个企业的方式进行独立核算及独立经营。作为一种全员参与型的经营模式，是基于对员工的信任而把每个阿米巴的运营及决策赋予员工及阿米巴的领导者，从而建立起一种"全员参与"的经营理念。因此，能够最大限度地激发所有员工的主动经营意识的同时，阿米巴经营也是一套极其合理有效的成本管理体系。单位时间与及时核算制度能够迅速反应市场变化，最大限度地发挥员工以及财务数据的潜能。

6.1.2 "共享经营体"形成背景

1. 行业现状

从国内铸件需求量及需求种类来看，我国铸造业的发展是世界上其他国家所不可比拟的，发展速度也是其他国家难以想象的。目前，国内已经拥有近2.6万家铸造企业及超过200万的铸造从业人员，是名副其实的铸造大国。但是，随着近年质量提升以及部分高端产品的批量化生产，铸造企业的管理现状已经变成制约我国铸造行发展的绊脚石之一。"变则通，不变则壅；变则兴，不变则衰；变则生，不变则亡"，只有在技术发展的同时，辅以同样先进的管理理念和管理方法，才能更好地助力铸造企业的转型升级。

2. 铸造企业管理存在的问题

（1）问题一

目前铸造行业企业的组织机构主要以金字塔形组织机构为主。此种组织机构结构严谨、等级森严、分工明确、便于监控，但是存在着以下几点致命缺陷：

1）由于公司管理层级设置较多导致各种结构臃肿，人员冗余；

2）由于人员冗余导致的必然性的间接管理成本上升；

3）管理层级、部门壁垒带来扯皮现象增多、管理效率低下；

4）管理层级多，导致信息传递不畅，甚至出现信息在传递过程中的失真甚至丢失；

5）权利集中在管理层，员工自主性小，参与决策程度低，经营创新潜力难以释放；

6）上层管理者和现场员工缺乏交流，沟通不畅。

以上种种缺点，严重影响了企业对人才的能力开发。众所周知，人力资源是企业的第一资源，受到以上组织结构的影响，员工的创新想法、创新方案可能流产在层层领导的审批过程中。只有最大限度地简化企业内部的组织结构，减少管理中的层级关系，才能更好地发掘员工的创新潜能，更好地为企业服务，取而代之的应该是另一种更加简洁高效的"扁平化"组织结构。

扁平型组织结构是通过减少中间管理层次、裁减冗余人员建立起来的一种紧凑的新型组织结构。互联网及公司内部信息化的广泛应用，使得办公及管理自动化，进入了高速信息网络时代，管理向高效简洁、减少中间层次发展，促使组织结构走向扁平化。扁平化组织结构的重要特点是：

1）第一，减少行政管理层级，裁减冗余人员，更紧凑、高效，组织扁平化，各层级之间联系更紧密，能够高效运行，适应工作需要，适应快速变化的工作要求，特别是信息化内部、外部系统，有强大信息传递及处理能力。组织结构对比如图 6-1 所示。

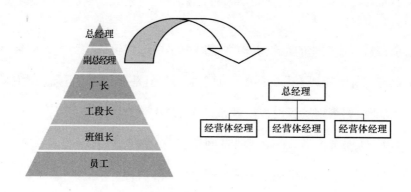

图 6-1　组织结构对比

2）第二，公司结构围绕目标，建立核心流程，缩短路径，提高效率，以工作流程、而不是职能部门为中心。组织机构扁平化，可以使企业上传下达的信息路径缩短，信息反馈更及时，最大限度地提高企业服务质量，做到顾客满意。

3）第三，企业内部之间通过信息与办公自动化系统，提高组织运营效率，实行目标管理，让每一个员工都变成真正的经营者。

（2）问题二

现阶段铸造企业的量化方式主要为：员工通过月度完成定额多少进行考核；技术、管理人员通过传统 KPI 考核。虽然此两种考核办法已经在诸多企业运行多年，已经积累了非常丰富的数据及量化经验，但同时我们在实际量化过程中也发现了以下问题。第一，按照定额的员工量化，由于产品种类的变化，单位产品定额会一直上升，为了确保 HR 成本在一个稳定的水平，定额制定部门会周期性地对产品定额做调整，一般都会下调，长此以往，对现场工序的能力评估影响较大，导致不能正确地评估产能，从而不能给予市场部门准确的市场开发计划，而频繁的定额下降会给现场员工"为了降低工资而调整定额"的印象，不利于员工的积极性和稳定性。第二，以 KPI 考核为准的技术管理人员量化很大程度上并不能与公司目标保持一致，部分 KPI 设置会直接导致企业成本升高、管理成本升高。

（3）问题三

以工时定额为主的定额管理已经不再适用于目前铸造企业产品、行业多样化的现状。

传统的定额管理主要有以下问题：

1）核算单件产品成本需要测算每种产品各个工序的工时定额，在产品结构、种类相对单一的情况下，可以根据经验及现场实际测量，实现工时定额的准确核算。但是，随着产品的类别、种类持续增加，如果还通过以往的经验公式确定此类产品的定额，会导致新产品单件成本的计划制定、实际摊销与实际成本差异较大，对后续的产品质量、成本改进不能起到指导性作用。

2）根据工时定额确定的量化机制，同样在员工月度量化过程中也存在不合理的地方。随着产品种类增加，由于定额制定的合理性难度加大，导致各个班组、经营体之间由于产品、生产线的不同，会导致当月收益差异过大，进而导致不同班组、生产线的员工的绩效差异过大。

3. 共享经营体的概念和作用

共享经营体（KOCEL Micro Business，简称 KMB，以下简称"经营体"）模式是把企业内部划分成若干个"小微企业"，通过独立核算、市场化运作，培养一批具备经营者意识的领导，实现全员参与经营，并任命经营体经理作为经营体的全面负责人。是一种基于"阿米巴"模式的具有共享集团特色的管理创新。核心思想是在企业内部引入市场化机制，通过多级培训逐步提高各级经理、现场员工的自主经营意识，并辅以市场化定价方案和及时核算机制，以"收入最大化、支出最小化、效率最大化"为目标，如图 6-2 所示，提高每一个经营体的营业利润和效率，从而提升企业效益。

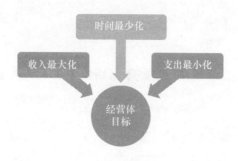

图 6-2　经营体目标

（1）转变一：组织结构转变：从"部门"到"经营体"

经营体方案实施后，共享铸钢公司内部基于各工序的生产特点及成本归集特点，对组织机构重新梳理、划分，由原 15 个部门细化到 140 个经营体，任命经营体经理为经营体负责人，并将公司年度目标分解至各经营体，达到全公司经营目标一致、全员自主经营的目的。

（2）转变二：量化方式转变：从"H"到"元"

通过针对公司利润以及对各部门车间的工时完成统计发现，工时完成量与公司利润完成（经营）并不成正比，如图 6-3 所示。

图 6-3　工时与经营

究其原因有以下方面：以往绩效管理采用工时"H"和关键 KPI 结合的方式进行考评，员工过多关注工时完成和关键 KPI 完成；公司为了能够分清各部门职能，从生产、质量、成本等方面考虑设置 KPI，使得部门、员工的 KPI 数量过多，存在事事都要管，但事事却都管不好的情况，导致各单位实际量化导向不明确；同时，KPI 关注的是各部门或生产工序的某一方面或某几方面的考量，不能全面地评价部门或生产车间的整体经营和运营状况。

在这种情况下，部门利益和个人利益与公司经营目标存在差异甚至矛盾，很大程度上限制了员工的积极性和效率。共享经营体通过"单位时间附加值"和"超额净收益"作为当月个人的量化依据，即直接以"元"为单位体现月度量化，改变了以往用工时单位"H"量化员工工作量的方式。在生产之前，确定每一道工序、每一件产品的收入，各工序、各经营体工作竞争生产来增加本经营体的收入，增加收入的手段只有提高效率、完成更多的合格产品，从而实现了员工、经营体的目标与公司目标一致。

（3）转变三：核算周期转变：从"月"到"天"

以往部门费用管理和工厂的成本管理，通过年度分解、月度分解月度计划、月末财务核算完毕后，告知各部门月度成本完成情况，各部门不能及时知晓本部门当月、当周及当天的花销情况，导致不能根据实际成本花费及时制定成本改进计划，造成了成本和费用浪费。经营体的核算要求要达到及时、准确、有效，核算周期改变为日核算。核算周期变化如图 6-4 所示。

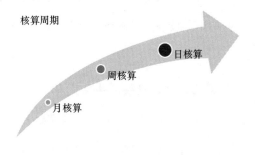

图 6-4　核算周期变化

公司当天的经营数据第二天一早出来，这些数据直接让经营单元中所有人员都了解。通过经营数据的分析来不断改进作业，提高经营水平。经营数据一定要真实全面，才能更真实反映各经营体的经营状况。以往企业的整个经营数据一个月才来一次报表，一年才 12 次分析，但是经营体是每天都有分析。经营体是一个循环系统、一个分析策略。企业实施经营体，引入经营会计不是为了数据，而是为了分析和改进，促使最快速地制定改进措施加以改进。及时性的数据一方面能够让员工清晰了解自己的经营成果，另一方面还能够让员工知道目前工作的差距，及时采取措施进行改进，避免更大的经营损失。

6.1.3　"共享经营体"模式引入

1. 数据保障："兵马未动、粮草先行"

经营体管理模式是共享铸钢公司管理转型升级的主要方向。通过对公司生产、质量、营销、HR 等多维度的数据集成，形成经营体核算表，进而指导经营体经理经营决策，达到经营分析、量化决策的目的，所以对于经营体的有效运行，多维度的有效数据是基础。

共享铸钢公司作为共享集团推行数字化的先行者，从 2008 年起开始推行全面数字化应用，截至 2017 年底，已开发自用数字化系统近 110 个，范围涉及营销、排产、生产、技术、质量、绩效、人力资源、基础管理、成本管控等多个维度，每天产生大量的基础数据量，基本满足了经营体的核算需求，为经营体有效推行提供了数据保障。

2. 理念保障："共同努力、共谋发展、共享美好"

基于阿米巴模式的经营体管理模式，是基于共享铸钢管理特色，结合阿米巴模式的理念形成的，在员工量化、工作方式、管理理念、绩效分配等方面较以往的管理模式发生了巨大变化。在经营体推进初期，公司由上至下针对部门主管、员工，进行经营体理念的培训多达近万人次。通过对全体员工的无数次"洗脑"，目前各级领导、经营体经理、员工，都已经完全认可了共享经营体的管理理念。通过近一年的运行，自下而上涌现出了非常多的成本节约、增加收入、改进质量的典型人物和典型经营体，为公司成本改进、利润提升做出了巨大贡献。

6.2 "共享经营体"系统建设及应用

经营体集成系统作为经营体推行的结算汇总和员工绩效量化的最终平台，在搭建初期根据从集成系统需要的流程、数据，进行周密的策划并模拟运行，运行稳定后，根据实际核算及量化针对不同系统进行接口设计及开发。共享经营体推进实施方案如图 6-5 所示。以绩效评价为目标的共享经营体系统建设框架图如图 6-6 所示。

图 6-5　共享经营体推进实施方案

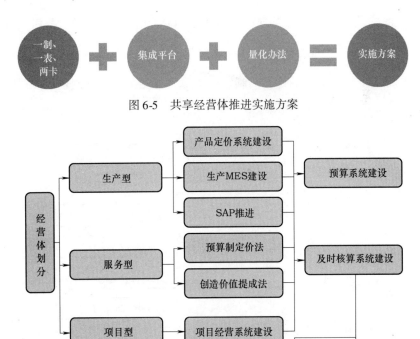

图 6-6　以绩效评价为目标的共享经营体系统建设框架图

6.2.1　运行准备

经营体实施有以下目标：

1）将市场化机制引入企业内部，增加企业内部竞争，调动全员积极性，实现全员参与经营。

2）以实时核算为基础的核算，为经营体、公司提供有效的数据分析基础，实时分析改进。

3）培养具备经营意识的领导人。

经营体作为一套全新的管理创新，为实现以上目标，必须制定明确可行的推进计划并付诸实施。

1）首先，成立专项推进小组：成立以总经理为推进组长、各部门主管为推进负责人的推进小组。由总经理整体负责经营体的组织、培训、策划，审定推行方案以及重大事项的决策。公司行政部门负责具体工作计划的实施和跟踪。公司 HR 部门主管负责培训计划的制定和实施、员工量化方案制定。公司财务及成本管理部门负责及时核算。

2）第二，明确经营体的运行原则，确保经营体运行与公司运行相辅相成：①经营体运行坚持经营体目标与公司经营目标保持一致；②经营体运行坚持市场化原则；③经营体运行坚持责权利相一致的原则。

3）第三，明确经营体推进的闭环工作流程并有效推进，如图 6-7 所示。

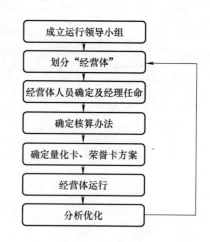

图 6-7　经营体推进工作流程

6.2.2 经营体划分及经理任命

1. 经营体划分

区别于以往的以班组为基本单位的组织机构，经营体划分要根据如下原则进行：

1）经营体划分要打破传统行政构架理念，进行组织、流程再造，建立组织机构。根据购销模式不同，可分为生产型经营体（主要以产品生产为主营业务的经营体）、服务型经营体（辅助产品生产、提供生产服务的经营体）、项目型经营体（为解决特定问题而临时组建的经营体），如图6-8所示。

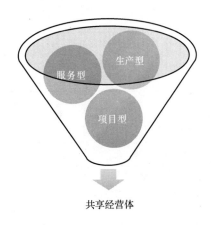

图6-8　共享经营体类型

2）经营体划分应遵循组织最小化、业务独立开展、收入支出能够明确独立核算的原则。

3）划分后的同类经营体之间要存在竞争机制。

① 生产型经营体：共享铸钢生产型经营体划分以工序为基础，为公司产品生产流程的主要执行者，根据独立开展业务、收支能独立核算为原则，每个工序在考虑竞争机制的基础上，划分为若干个相似经营体，在原班组建制的基础上，通过对班组的拆分、合并等，最终划分生产型经营体合计50个。生产型经

营体购销关系如图 6-9 所示。

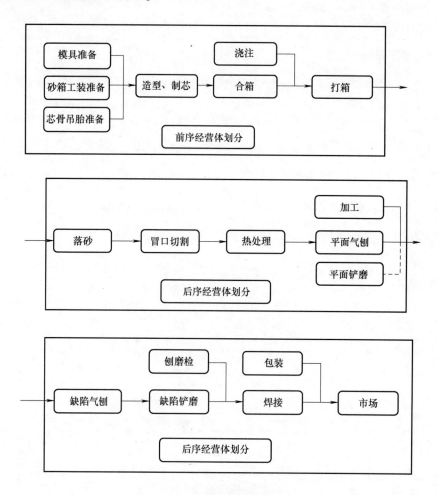

图 6-9　生产型经营体购销关系图

② 服务型经营体：共享铸钢服务型经营体分为如下两类，目前合计已划分服务型经营体 80 个。

第一类为工厂内部服务型经营体。工厂内部的辅助岗位，辅助主要工序生产的经营体，如：材料准备、生产准备、吊运等经营体，其经营类型主要以为生产型经营体提供服务，从生产型经营体收取服务报酬，通过多服务及节约内部成本达到经营利润最大化的目的。

第二类为部室服务经营体。部室行政、技术、质量等经营体，经营类型与工厂内部服务经营体类似，主要为生产型经营体提供生产所需的技术、质量、后勤等服务，通过收入服务报酬增加经营利润。

③ 项目型经营体：项目经营体主要为达到某项改进、创新而临时组建的经营体，组建及解体均比较灵活，通过为甲方节约费用或达成某项目目标赚取佣金，项目结束后，经营体完成项目总结后就可解散或寻找新的改进项目。

2. 经营体人员确定及经理任命

经营体推行目的之一是培养一批具备经营意识的领导，通过这一批经营体领导的言传身教，最终实现全员参与型经营。

经营体人员调整及经理任命要遵从以下几点：

1）第一：各经营体人数与经营体经理管理能力要相匹配，经营体人数原则上不超过 10 人，主要从方便管理、经营维度考量，实际时可根据经营体划分原则灵活调整。

2）第二：根据经营体的运行状态，可动态调整各经营体组织、人员及经理。

3）第三：建立经营体经理沟通机制，每周或每两周召开一次经营体经理例会。通过经理沟通例会，过程中及时解决各经营体推进存在的问题，确保经营体推进高效运行。

经理任命后，经营体经理拥有本经营体运营相匹配的责权利：

1）责：对所用资源（人、财、物）负相应经济责任。

2）权：在经营范围内对一切资源（人、财、物）具有使用权，以及资源配置的知情权、参与权。

3）利：按经营成果、经营业绩及约定的条款获得收益。

通过赋予经营体经理适当的权利和获取经营结果相应的利益，过程中辅以经营方式、意识等多方面的培训，达到培养经营领导，实现全员参与经营的目的。

此外，经营体的划分还需要注意以下几点：

1）符合国家、地方相关法律法规的要求。

2）符合公司企业文化、管理体系的要求。

3）与公司总体发展目标相一致的要求。

4）深入贯彻市场化理念（组织、人、财等独立，公开、公平、公正，充分市场竞争）的要求。

5）运行方法简单、及时（日清日结，产、购、销明确）、有效的要求。

3. 经营体经理关注点

经营体经理作为整个经营体的负责人，需要对经营体的经营过程担负起重大的经营责任，需要对费用控制、成本控制、时间控制三方面加以关注并学习精通。

成本、费用控制方面，需要关注本经营体的物料采购、库存、消耗流程，加强对采购、存储过程的控制，制定专项的材料消耗定额及费用控制标准，在此基础上，费用控制标准（计划）划分越细越好，不留死角，严格控制，及时分析。

时间控制方面，需要对本经营体成员进行人员控制（定员编制），及时分析经营体的组织构架，通过经营体内部的工作流程及工作方式优化来提升经营体的工作质量、工作效率以及经营体与个人的绩效收入。

许多可能在其他公司只能打杂的员工，都可以把自己的经营体经营得红红火火，并取得很大成果。但经营体经理的职责并不只是增加盈利这么简单，在努力增加盈利过程中，培养正确的思维方式和经营理念也是非常重要的。同时，经营体经理还有责任引导经营体成员也积极参与到经营体的经营活动中，并要挖掘、培养更多能胜任经营体经理的成员。

作为经营体经理，哪怕仅仅是原班长、工序调度员，都需要有作为厂长的思想意识。共享铸钢划分经营体100多个，根据实际业务要求每个经营体1~8人不等。从这一点来看，在各类人才培养方面，共享铸钢由于经营体推进有着天然的优势。最终，这种优势将会演变成为同行业竞争中的一种巨大的实力差距。

6.2.3 经营体定价

定价是经营之本。经营体能稳定、高效推行，经营体定价是非常重要的，如何确定一套大家都能接受的内部交易价格就显得尤为重要。

共享铸钢根据经营体划分制定了两套定价办法。

1. 服务型经营体定价

服务型经营体以部室单位经营体和工厂辅助岗位为主。此类经营体以为生产型经营体提供服务实现收入，服务完毕后根据服务数量、服务质量、服务进度综合考量后，由被服务方支付服务酬劳。共享铸钢服务型经营体定价规则如图6-10所示。

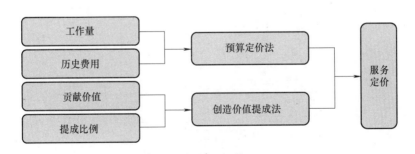

图6-10 共享铸钢服务型经营体定价规则

服务型经营体内部定价方案的主要依据是本经营体年度或月度的费用预算，结合经营体的服务内容及服务比例，核算本经营体每一项服务的收费单价。运行成熟后，部分与外部市场相同的服务类型，可根据外部市场定价对内部服务进行定价调整，例如设备维修、方案策划、计算机硬件维护服务等，通过与外部市场的挂接，进一步规范和督促内部开展深入市场化的有效运行。

定价举例：HR 经营体，为其他经营体提供的服务是员工招聘、工厂员工考勤、量化制作等服务，并在此基础上为现场经营体提供涉法律事务处理，以及量化分析优化等超值服务；对 HR 经营体月度预算进行分解、统计月度服务数量以及以上各项工作的重要程度，确定每一项服务的收入单价。

2. 生产型经营体定价

生产型经营体的主要收入来自于正常的铸件收入，通过特定的费用分摊办法确定与生产型经营体不相关的费用比例，然后根据各经营体的设计及历史成本，综合考量确定生产型经营体的成本定价。成本定价确定后，根据已分配金额与订单金额对比，确定最终各生产型经营体的经营体定价。共享铸钢生产型经营体定价规则如图 6-11 所示。

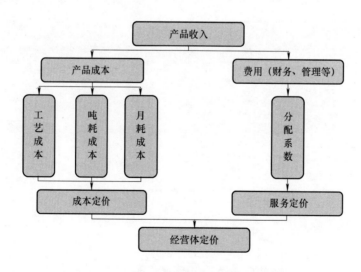

图 6-11　共享铸钢生产型经营体定价规则

共享铸钢公司作为传统的铸造企业，公司收入的主要来源是产品收入。因此，生产型经营体的收入源自于产品收入的分解，根据内部收入分配原则将来自顾客的收入分解到所有经营体，保证公司收入与经营体收入的一致性。

6.2.4　目标确定

1. 制定年度计划

经营体的核算周期是以"天"为单位的，结算周期是以月度为单位的，而月度计划的制定完全根据年度计划。

各经营体的月度计划中明确了当月的由生产量确定的利润目标，而年度计划是各经营体经理"如何在一年的时间里经营好自己的经营体"的依据。打个比方，年度计划是一幅勾画了轮廓的画卷，那月度计划就是为这整幅画卷涂上了颜色。在年度计划制定时，需要综合考虑设备能力、人员配置等多方面因素。

共享铸钢在制定各个经营体的年度计划时，首先根据经营体推进的基本原则——"经营体目标要与公司目标一致"。根据这条基本要求，各经营体的年度计划合计起来应完全与公司计划一致。通过各经营体的人力资源与固定资产的比重，核算各经营体应承担年度计划的比例，最终确定各经营体的年度计划。

经营体的年度计划关系到公司所有员工的年度、月度的绩效量化。因此，制定年度计划时要让所有员工、经理参与进来，一起讨论，仔细审核。只有这样才能将制定好的年度计划落实到最底层的经营体，让员工、经营体经理能进一步认识到自己的责任。

年度计划制定并确认后，是必须要努力完成的。

2. 制定季度、月度计划

季度和月度计划实际上是各经营体年度计划的分解，制定季度及月度计划时，会根据公司年度整体的生产、销售实际情况，对各经营体的目标做分解。分解完毕后，再根据各经营体的特殊经营状况二次调整，最终确定各经营体的月度经营目标。

月度经营目标是各经营体日常绩效量化的依据，分解完毕后，各经营体需要想尽办法完成已经确定的目标，从而确保月份绩效的完成。

月度经营核算主管部门，需要针对当月各经营体的预计完成情况与月度目标进行对比分析，并将两者差异大的经营体，上报公司，通过调整月度生产计划或额外增加订单的方式，确保各经营体的实际完成情况不出现巨亏、暴利等现象。

3. 年度、季度超产奖励

为了刺激各经营体的经营热情，在月度量化的基础上，增加年度累计经营奖励及季度超产奖励。

季度超产奖励基于各经营体季度累计利润完成情况，根据各经营体年度利润目标的不同，制定各类经营体的季度提成比例。用季度实际的超额利润结合经营体的提成比例，最终确定各经营体的季度提成。季度超产奖励是基于各经营体超额完成的基础上的额外奖励，目的是通过额外的奖励刺激经营者们更大限度地发挥经营潜力，通过内部、外部的不断挖潜，最大限度为经营体、公司创造价值。

6.2.5 共享经营体核算平台建设与推行

共享铸钢经营核算集成平台运行流程图如图 6-12 所示。

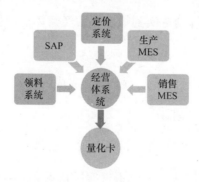

图 6-12　共享铸钢经营核算集成平台运行流程图

通过多系统数据的集成应用，将公司内部产生的、与经营体相关的数据全部集成到经营体系统，支撑经营体核算表。根据经营体核算表结果结合量化方案，确定月度员工量化结果，完成工资发放。

1. 推行基础——经营体定价系统

"定价为经营之本"，经营体定价作为经营体推进工作的最基础部分，在经营体推进过程中起到了至关重要的作用。只有不断优化、修正，探索出一套适用于本单位的定价办法，才能更加有效、深入地推行经营体。

经营体核算平台作为经营体推进的数据集成平台，将公司运行过程中的生产、质量、销售、人力资源等相关经营数据，集成在一个汇总的数据表——"经营体核算表"中，各级经理可以实时查看、分析核算表中的经营数据，及时对本经营体的经营策略及经营体运行方式进行调整，以达到对月度经营情况实时监控的目的，实现月度盈利。

（1）生产型经营体定价系统建设

首先，根据月度的投产计划（最早完工的工序或销售订单明细），确定月度需要定价的明细，其中部分库存未定价产品可设置手动增加，如图 6-13 所示。

图 6-13 经营体定价系统月度定价明细界面

第二，完善定价明细中各产品确定生产成本所需要的各种工艺参数及销售参数。完善参数后进行系统运算，确定营业费用、财务费用及各工序的生产成本，如图 6-14 所示。

KSF产品新增							
请输入件号: *		产品代码: *		产品名称: *		净重: *	
行业: *		材质: *		规格型号: *		新老产品: *	新 ▼
订单数量:		销售收入:		砂铁比:		出品率:	
冶炼方式:	▼	焊补率标准:		返修率:		焊接方式:	▼
升温时间:		保温时间:		降温时间:		同炉件数:	
焊条:		焊丝:		浇铸重量:		出钢重量	

图 6-14　经营体产品定价参数表

第三，确定月度各经营体所需材料的材料单价，作为各项费用的定价及结算依据。

第四，根据公司年度计划，讨论确定公司相关费用（如向政府交纳的税金等）分摊方案，运行系统进行费用分摊。

第五，根据实际生产情况，确定产品生产是否需要额外增加其他生产型费用，比如，是否需要外协加工或包装等。

第六，更新系统，完成单件产品在各生产经营体的收入定价，作为各生产型经营体月度完工收入，纳入经营核算。

通过以上引用及设置，在铸件生产前就可以确定各个工序的产品定价。经营体产品定价表如图 6-15 所示。

（2）服务型经营体定价系统建设

服务型经营体是为行政、研发及协助生产型经营体进行生产的经营体，此类经营体主要以提供服务及创造收益来作为本经营体的收入来源。例如，HR 相关的经营体协助其他需求经营体招聘一人收取 100 元作为服务收费。共享铸钢

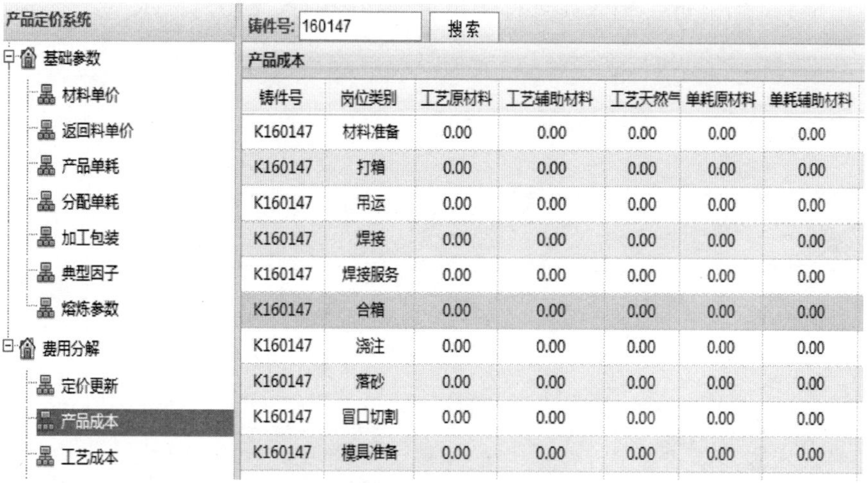

图 6-15 经营体产品定价表

公司将所有服务型经营体的所有服务内容汇总并制定了符合系统引用习惯的模板,导入系统,作为服务型经营体月度结算的定价依据,并根据经营体推进及时修订部分不合理定价,达到稳定推行的目的。服务型经营体定价如图 6-16 所示。

图 6-16 服务型经营体定价

2. 运行结果——经营体核算系统

经营体核算系统作为各经营体每天、周、月经营结果的展示平台,是整个经营体推行的核心系统,通过对公司 70% 以上数据系统的集成,将大部分与生产、质量、销售、成本、人力资源、设备等相关的数据结果集成到各经营体的经营结果——“经营体核算表”中，如图 6-17 所示。各级经理能通过对经营体核算表的实时关注、分析，确定今后的经营体方案并实现最大限度的盈利目标。

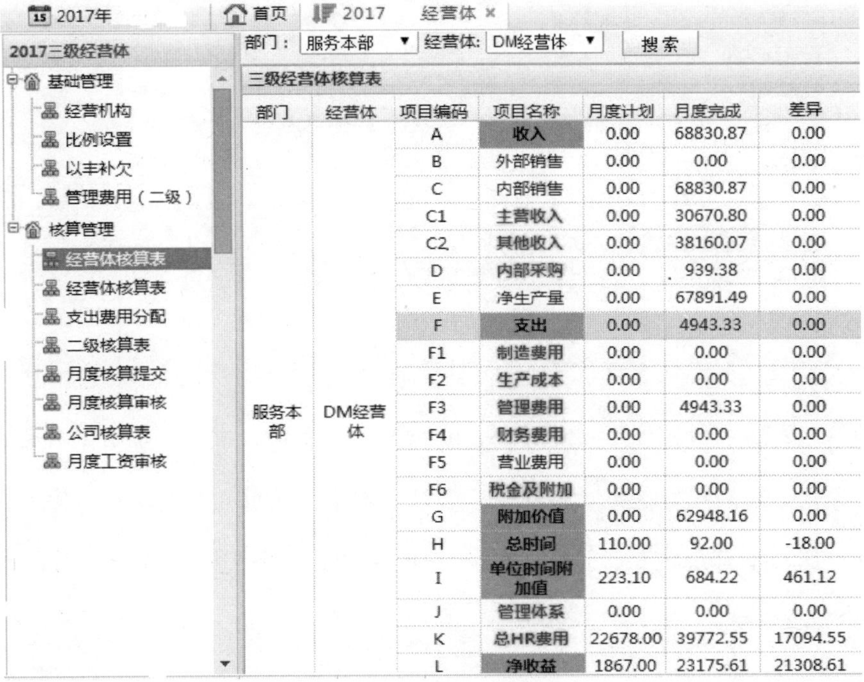

部门	经营体	项目编码	项目名称	月度计划	月度完成	差异
服务本部	DM经营体	A	收入	0.00	68830.87	0.00
		B	外部销售	0.00	0.00	0.00
		C	内部销售	0.00	68830.87	0.00
		C1	主营收入	0.00	30670.80	0.00
		C2	其他收入	0.00	38160.07	0.00
		D	内部采购	0.00	939.38	0.00
		E	净生产量	0.00	67891.49	0.00
		F	支出	0.00	4943.33	0.00
		F1	制造费用	0.00	0.00	0.00
		F2	生产成本	0.00	0.00	0.00
		F3	管理费用	0.00	4943.33	0.00
		F4	财务费用	0.00	0.00	0.00
		F5	营业费用	0.00	0.00	0.00
		F6	税金及附加	0.00	0.00	0.00
		G	附加价值	0.00	62948.16	0.00
		H	总时间	110.00	92.00	-18.00
		I	单位时间附加值	223.10	684.22	461.12
		J	管理体系	0.00	0.00	0.00
		K	总HR费用	22678.00	39772.55	17094.55
		L	净收益	1867.00	23175.61	21308.61

图 6-17　经营体核算表

经营体核算表由四部分构成。

（1）收入

收入根据经营体类别分为内部销售及外部销售。外部销售只针对市场类经营体，对外销售给顾客产品的经营体。其他经营体实际收入均为公司内部市场化的收入，我们称之为内部销售。内部销售以主营业务为主，即各经营体实际的产品或服务定价，另外根据实际生产及服务情况，富余人员或产能可以用作支援其他经营体或创造其他收益，来增加经营体的收益，此部分我们称之为其他收入。经营体应最大限度地完成生产任务及服务收益，并在此基础上开拓额外收入，来决定当月总收入。服务经营体收入表如图 6-18 所示；生产经营体收入表如图 6-19 所示。

图 6-18 服务经营体收入表

图 6-19 生产经营体收入表

（2）支出

根据公司部门及成本性质，工厂内经营体主要支出归集为生产成本及制造成本。其中生产成本主要为生产产品过程中所需要的原辅材料、能源等。通过系统集成，实现了将所有本经营体的领用的物料全部在经营体系统支出模块查询，方便经理实时查询，了解经营支出。经营体支出表如图 6-20 所示。

制造成本是指在生产产品过程中在工厂单位发生的但与产品不相关的费用，比如设备维修费用、劳动保护费用等。同样通过过程中的数据集成，将制造成

图 6-20 经营体支出表

本数据全部显示在经营体核算表中。

（3）总 HR 费用

总 HR 费用是指在生产及经营过程中发生的与人员相关的费用，主要包含工资、社保、奖金、员工福利费用等。通过人员基础设置，系统可以将同一个经营体所有人员相关的费用集成，然后对经营体成员费用进行分析，制定相关的效率提升计划或者收入提升计划。经营体总 HR 费用展示如图 6-21 所示。

图 6-21 经营体总 HR 费用展示

（4）净收益

净收益是核算表的最终核算结果，也是各经营体的最终经营结果和目标，通过与月度计划净收益的对比，确定月度经理、经营体成员的月度绩效核算标准，最终确定当月员工的绩效收入。经营体核算表运行流程如图 6-22 所示。

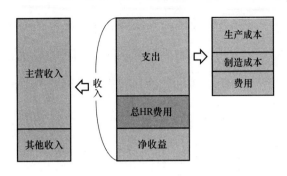

图 6-22　经营体核算表运行流程

　　从以上流程不难看出，经营体如果想获得更高的净收益，可以通过三种途径来实现，即提高收入、减少支出和提高生产及服务效率降低 HR 成本。通过对经营体核算表中各个项目的分析，经理可以针对每一项核算科目执行对应的且行之有效的解决方案，从而获得更高的净收益，将经营体经营得更具竞争性。共享铸钢即时核算系统构架如图 6-23 所示。

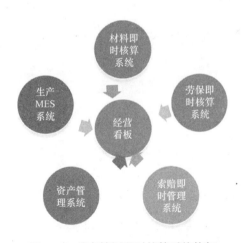

图 6-23　共享铸钢即时核算系统构架

6.2.6　绩效评价

1. 主管绩效评价

主管作为部门或工厂的一把手，掌握着部门/工厂所有经营体的经营信息，能够对经营体的经营方案及市场化运行提供必要的支持。同时，作为公司内部的行政领导，也需要对公司整体的利润指标负责。因此，在设置主管绩效评价时，应结合公司利润及本部门/工厂的利润完成情况综合考虑，通过两个利润完成情况设置权重，并结合日常公司及重点工作开展情况进行评价，最终确定主管的绩效收入。主管量化卡如图6-24所示。

部门：VM 部 姓名：　　评价日期: 2017 年 9 月

评价项目	序号	评价内容	单位	评价办法	权重	计划	完成	完成率	提成
指标	1	公司利润	万元	计划完成率*权重	0.005				
	2	经营体利润	万元	工厂：利润完成率*权重 部室：（总收入/总支出）*权重	0.025				
小计									
重点	1	重点工作	元	±500元/月;每月重点工作计划不超过3条; 优：+200元/项;良+100元/项;中-100元/项，差-200元/项	1、工艺设计效率提升：组织工艺设计价值流分析和稼动率测量分析，工艺设计效率提高50%。完成专利3项// Yes//良//100.0//2、工艺设计标准库的建立：				
	2	领导评价	元	±500元/月：公司领导评价					
小计									
其他	1	缺勤	元	按公司制度					
	2	事故	元	按事故、事件报告					
	3	违纪	元	按公司制度					
小计		单位	元						
合计	基本工资:			下限:0%;上限:200%	标准绩效:		实发绩效:		
批语	1、一个月亏损说明不了团队的素质，但要直视问题，勇于创新，改变现状！带出一个有激情、能拼搏、遇到困难不服输，善学习，敢颠覆的创新创业团队！2、下一步方向：设计标准化（围绕全流程VM系统）、焊补率大改进、铸钢知识服务输出等方面实现突破！							签名:	

图 6-24　主管量化卡

2. 经理绩效评价

经营体经理是每个经营体的核心，是经营体的灵魂，拥有一个优秀的经理比拥有一群优秀的下属更为重要，一个优秀的经理能够带领团队迅速达成目标。

每个优秀的经理都有其独特的人格魅力和领导风格，这同样影响着团队的走向。因此，针对经营体经理制定适合的绩效量化规则显得尤为重要。

共享铸钢针对经理的月度量化规则如下：首先确定各经理的标准基本工资和标准绩效工资作为月度工资基准，然后根据月度实际经营体完成情况，确定月度净收益分配及实际绩效工资，再结合缺勤扣款及公司专项奖罚，确定经营体经理最终月度工资。

- 标准工资 = 标准基本 + 标准绩效；

- 绩效收入 = 标准绩效 + 净收益分配；

- 实际工资 = 标准基本 + 标准绩效 + 净收益分配（超额净收益 × 提成比例）+ 缺勤扣款 + 公司专项奖罚。

通过以上工资计算公式可以看出，经营体经理增加实际工资的途径有三种：第一，通过全勤减少缺勤扣款；第二，增加公司内部奖励；第三，通过管理经营体，提升经营体的经营业绩，最大限度地增加经营体利润来实现个人工资收益的最大化。

3. 员工绩效评价

员工是经营体收益的主要贡献者，所以员工的绩效量化需要以对经营体的贡献度来作为主要考量因素。

任何收益的前提都是以完成净收益计划，即完成既定利润计划为前提的。所以，员工如果想获得高于标准绩效的工资收入，前提条件是需要配合经营体经理，将经营体经营好，在经营体完成净收益计划的前提下，分配超额的可分配净收益。在完成净收益计划的基础上，经营体内部不同员工之间的分配系数根据个人对经营体的贡献度来确定。评价员工个人对经营体贡献度的方法有很多种，既可以通过控制费用来体现，同时也可以通过该员工对经营体质量、生产等各个方面的贡献来体现。共享铸钢将日常员工对经营体的贡献度转化为员工的日常评分，通常该评分由经营体经理评价给出，通过月度汇总该员工的累计打分，除以经营体成员累计分数，即可计算得出该员工月度对经营体的贡献度。下面举例说明经营体成员月度绩效算法：

1）经营体可分配净收益：1000 元；

2）经营体净收益提成比例系数：50%；

3）员工"甲"月度评分：240 分；

4）经营体月度累计分数：1000 分；

5）员工"甲"月度净收益分配金额 = 1000 × 50% × 240/1000 元 = 120 元；

实际工资算法与经理月度工资算法一致。从以上算法可以看出，员工获得额外收入的途径有以下两点：首先，协助经理最大限度地完成经营体的净收益计划，并实现最大限度的超额收益；第二，日常获得更高的贡献度评分。

4. 荣誉奖励及宣传

在经营体推行初期，全员性的、多频次的培训是必不可少的，经营体实际推行后，经营体内部之间推行效果的评选及宣传同样必不可少。

共享铸钢根据经营体推行进展，制定了以荣誉卡为基础的、结合季度超产奖励的奖励机制。

荣誉卡：公司根据推进周期，设置了经营之星、经营明星、经营先锋、最佳经营体/经理、经营管理大师等荣誉称号。以每周、月、季度、年度、3 年为周期评选，定期召开全员性的经营总结大会，发放一定的物质奖励并由经营先锋代表分享经营心得和经验。

每周、月通过各经营之星的评选，各经营体之间能够找出经营能力的差距，并通过对比各经营体好的做法，提升经营体经理的管理水平及各经营体的经营能力。

在每季度的经营总结大会上，公司经营体推进主管部门会根据上季度各经营体实际经营情况排名，结合季度质量、安全等状况，并根据公司要求，评选出 15% 比例的经营体作为经营先锋并由公司总经理亲自颁发经营先锋证书及奖励，大会上由经营先锋代表分享自己的经验。同时，季度经营总结大会也是一个对下季度经营目标及重点工作安排的大会，总经理会根据当前公司市场、生产等情况，明确各个经营体下季度的经营方向和目标，为经营体的推行指明方向。

作为年度总结的一项重头戏，最佳经营体/经理的评选也显得尤为重要，公司会根据年度各个经营体实际经营情况，根据实际排名并考虑经营体年度内有无安全或质量事故，最终推荐到集团范围内，评选年度的最佳经营体/经理，并在集团年终总结大会上加以表彰。

经营先锋评价方案简介及宣传方案如下：

1）经营之星：每周评价，公司宣传展板张贴；

2）经营明星：每月评价，公司宣传展板张贴；

3）经营先锋：每季度评价，公司宣传展板张贴，经营总结大会现场表彰并由总经理颁发经营先锋证书及奖励，公司内网、报纸宣传；

4）最佳经营体/经理：每年度评价，公司宣传展板张贴，集团年会现场表彰并由集团领导颁发最佳经营体/经理证书及奖励，公司内网、报纸宣传；

5）经营管理大师：每三年评价，集团范围内表彰并颁发证书及奖励。

共享经营体荣誉展示如图 6-25 所示。

图 6-25　"共享经营体"荣誉展示

6.3 "共享经营体" 案例

6.3.1 生产型——焊接经营体

焊接工序是后续返修工厂最复杂、班组基数最多的工序。经营体推行之初，结合现场实际需求，划分了 15 个焊接经营体，包含 12 个工厂内焊接经营体、3 个外包焊接经营体。外包焊接经营体承接铸件首次焊接返修，工厂焊接经营体承接铸件首次焊接返修后直至最终入库。本次划分主要考虑结合了经营体划分的原则，即能独立核算并完成任务，在此基础上进一步考虑专业化经营体推进因素，通过不同经营体返修不同类型、不同顾客的产品，达到最大限度地发挥各个经营体长处的效果，既符合经营体推进要求，又能进一步提高返修效率及降低返修成本。

1. 焊接定价收入

焊接岗位属于返修单位，成本支出多少与铸件返修焊接量成正比。围绕焊接量定价，通过多轮的讨论策划，最终确定开展以下定价基础工作。

焊接方式及焊材单耗测量：焊接日常工作方式有两种，即气保焊接、手工焊接，气保焊接材料包含实心焊丝、药芯焊丝，手工焊接材料包含 5.0/4.0/3.2 等型号的焊条。在焊接定价之前，通过现场实验及实际测量，测算出不同焊接方式，各焊材的每立方分米的消耗量，通过实验确定"焊接实际测量数据"，作为焊接每立方铸件缺陷的定价依据。

2. 焊补率及返修率标准制定

公司内部衡量铸件焊接量的指标名称为焊补率（dm^3/t），返修焊接量与首次焊接量的相除数称为焊接返修率。焊补率及焊接返修率是焊接经营体定价的主要依据。每年要根据历史质量水平和设计要求，建立各类产品焊补率及焊接返修率的标准。

3. 铸件成本定价核算办法

公司内部成本主要由八大成本项目构成，包括原材料、辅助材料、燃料、外购动力、自制动力、工资、制造费用、专项费用。焊接成本主要由七大成本项目组成，不包含以上八项中的原材料。辅助材料按照焊补率、返修率及焊材单耗计算，其他成本定价按照测算单耗核算。

4. 索赔机制建立

焊接定价是根据焊补率标准制定的。过程中由于前序质量问题导致焊补率超过标准或超计划完成标准时，会致使辅助材料（主要体现为焊材用量）超过或未达到标准值，导致经营体收益变化。为保证焊接经营体的正常经营，将质量超标导致费用增加的部分按责任划分到需要承担索赔的责任经营体，建立并制定了质量索赔规定。

5. 日常结算及运行

1）收入节点。焊接经营体收入节点根据顾客需求分为三种：毛坯件、粗加工件、精加工件。毛坯件及粗加工件根据公司最终完工节点结算，对于精加工件由于精加工后不能再进行返修，所以精加工件收入阶段为精加工工序完工节点。

2）日常费用核算归集。由于焊接工序返修周期在一到三个月左右，工序时间较长，为确保焊接经营体日常收入确认及费用归集，针对焊接岗位建立了对应的记账核算系统，即成本领料系统。过程中班组可以从领料系统中查询，每个铸件当月花费的成本费用。经营体实时监控每个铸件的亏盈情况，提前策划如何盈利。

3）其他收入、内部采购。其他业务收入主要指日常上下序之间的进度、质量索赔；业务支援收入、特殊贡献提成等。通过系统申请，乙方经营体经理确认，最终落实至经营体当月的收入中。内部采购主要指其他经营体对本经营体的服务收入及采购上序半成品的采购金额，采购金额为固定金额，收入确定后可自动落实至内部采购。服务经营体的服务可根据实际服务质量确定，分优、良、未完成等档次来确定支付的服务费用。

6. 量化分配

焊接各经营体每月核算完毕后，有亏有盈。焊接各经营体月度的经营体利润分配，按照日常评分来进行分配。由于公司内部生产的铸件，每个缺陷分布在不同的位置，处理的难度也不同，现场焊接经营体经理，在铸件焊接前，要做好一次干好的策划。针对不同缺陷制定不同的质量要求，并对各成员从生产进度、返修质量、环境安全、设备保养等各方面进行考量，从而对经营体成员当天进行贡献度评分，评分按照0、4、6、8、10、12、15、-6等分数确定。月末汇总各成员的月度贡献度，作为月度经营体成员绩效分配的标准（分配原则见6.2.6节介绍）。

6.3.2 服务型——数字化管理经营体

数字化管理经营体（DM 经营体，共享铸钢经营体机构下的一个三级经营体）作为公司内部典型的服务型经营体，承担着公司内部数字化系统搭建、数据维护、数字化工作推进、体系运行等任务。所以，该经营体的主要收入是提供服务收取服务费用。在保证公司体系有效运行的前提下，尽可能多地搭建可以有效运行的数字化系统，是增加该经营体收入的主要方向。

1. 服务定价确定

DM 经营体的服务定价主要考量的是数字化模块开发、内部数据维护等。单项服务的定价主要依据的是该经营体的月度支出。梳理经营体可以提供的服务内容及月度可完成的服务量，计算得出每项服务内容的服务单价。例如，A 经营体月度支出预算为 1000 元，可提供两项服务，服务 1、服务 2，其中服务 1 每月可完成 10 项且占本经营体实际工作量的 50%；服务 2 每月可完成 5 项且占本经营体实际工作量的 50%，那么服务 1 单价为：1000 元 × 50%/10 = 50 元/项，服务 2 单价为：1000 元 × 50/5 = 100 元/项。DM 经营体服务定价见表 6-1。

表 6-1　DM 经营体服务定价表

经营体名称	服务类别	服务内容	单 位	单 价
DM 经营体	IT 服务	系统改进	元/个	148.5
DM 经营体	IT 服务	模块开发	元/个	1530
DM 经营体	IT 服务	主流程开发	元/个	5400
DM 经营体	IT 服务	外部软件采购实施	元/元	0.3
DM 经营体	IT 服务	软件销售	元/元	0.3
DM 经营体	IT 服务	硬件维护	元/个	80
DM 经营体	IT 服务	策划咨询	元/个	200
DM 经营体	IT 服务	数据库维护	元/次	50
DM 经营体	IT 服务	策划承包	元/个	800
DM 经营体	IT 服务	PC 系统重做	元/个	80

各服务经营体的服务定价运行成熟后，需要逐步参照外部市场的服务定价，如设备维修等，进一步缩小与外部市场服务单价的差距，避免不合理定价，从而更进一步推进经营体的市场化运行。

2. 日常运行及结算

从 DM 经营体的服务定价可以看出，该经营体收入都与系统开发、数据维护相关，所以该经营体收入确认存在三种情况。第一，由其他经营体提出需求，DM 经营体来完成的，通过小项目形式进行项目奖励，并明确服务金额以及项目完成时限，系统编写完毕后，后需求经营体确认后，纳入 DM 经营体收入。第二，公司内部统一安排或者有公司领导由于公司规定行政干预而需要编制的新项目、新系统，此部分需要根据所有使用系统的经营体按照人数或者经营体数量承担，总收入纳入 DM 经营体收入。第三，为迎合未来企业"业务数字化、管理软件化、生产智能化"的发展趋势，公司内部数字化系统的商品化规范及销售也已经提上日程，对已经规范应用的数字化系统的定制化、商品化改进并销售，也是 DM 经营体的收入来源之一，也应该是该经营体未来最主要的收入来源。

3. 量化分配

DM 经营体经理、员工量化与其他经营体一致，区别主要体现在员工月度贡献度上，由于 DM 经营体服务定价都体现在工作量上，所以月度打分时将月度实际每个人收入的实际金额转化为月度评分，当作月度个人绩效分配依据。

6.4 "共享经营体"推行价值

6.4.1 "共享经营体"与企业

"共享经营体"是共享铸钢公司管理改革的核心内容，同样在公司整体转型升级工作中也扮演着举足轻重的角色。公司自 2015 年开始探索"共享经营体"模式以来，截至 2017 年底将近三个年头，公司内部各个方面在经营体推进思想的影响下，已经发生了翻天覆地的变化。"共享经营体"推行成果如图 6-26 所示。

通过"共享经营体"的推行，公司从上到下改变了以往以量取胜的思想观念，每个人脑海中都紧盯"利润"二字，任何工作的开展均以创造价值或创造

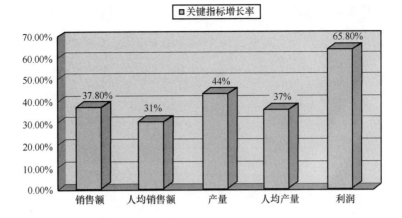

图 6-26 "共享经营体"推行成果

利润为前提。在这种工作方式的背景下，公司关键的效率、利润指标较推行初的 2015 年取得了令人振奋的进步。其中，效率提升 30% 以上，产销量均创历史新高，提升比例近 40%，公司利润增长达到 65%。在这些主要指标的背后，铸件平均生产周期由 6.1 个月下降至 4.3 个月。产品周期的缩短，为顾客交期提供了更强有力的保证，由此带来了安德里茨水电、GE 工业汽轮机、富士电机等 11 家新顾客的订单，并且新增了双相不锈钢等国内外高端材料铸件的研发，为公司今后的发展奠定了基础。

6.4.2 "共享经营体"与员工

"共享经营体"推行的主要目标之一是实现全员参与型经营，即每个人都是经营者。在共享铸钢公司全员经营的大环境下，通过近三年的熏陶，经营体成员已经完全认可并适应了公司的这项管理变革，在日常的生产过程中，更加注重为经营体带来最大化的利润并在此基础上获得更高额净收益分配和工资收入。通过经营体的有效推行，员工的物质收入也有了极大的提升，人均工资较 2015 年提升 10.4%。最直观的就是公司停车场的变化，公司外部道路两侧已经成为共享铸钢的专有停车场。在员工收入提高、物质生活水平改善的同时，公司更加注重员工精神方面的改善，从工程师、经理到员工的各项专项培训每周都会开展；公司内部的经营体、质量工匠等荣誉逐年增加。以上的所有改善，都是在"共享经营体"推行的前提下创造的，相信随着经营体的更加深入的推行，共享铸钢的改变会越来越明显，共享铸钢会越来越好。

参 考 文 献

[1] 约瑟夫·熊彼特. 经济发展理论［M］. 何畏，易家详，译. 北京：商务印书馆，1990.

[2] "十三五"国家科技创新规划. 国务院，2016.

[3] 胡伦贵，等. 人的终极能量开发：创造性思维及训练［M］. 北京：中国工人出版社，1992.

[4] 刘仲林. 美与创造［M］. 银川：宁夏人民出版社，1989.

[5] 关于加强创新方法工作的若干意见. 科学技术部等，2008.

[6] 何桢. 六西格玛管理［M］. 北京：中国人民大学出版社，2014.

[7] 创新方法研究会，中国21世纪议程管理中心. 创新方法教程（初级）［M］. 北京：高等教育出版社，2012.

[8] 创新方法研究会，中国21世纪议程管理中心. 创新方法教程（中级）［M］. 北京：高等教育出版社，2012.

[9] 创新方法研究会，中国21世纪议程管理中心. 创新方法教程（高级）［M］. 北京：高等教育出版社，2012.

[10] 仲杰. 中国TOC企业管理实操法典［M］. 北京：人民邮电出版社，2014.

[11] 孙亚彬，易生俊. 精益管理技能：实务与技术［M］. 北京：中国人民大学出版社，2016.

[12] 华通咨询. 精益管理技术［M］. 广州：广东经济出版社，2014.

[13] 艾利·高德拉特. 关键链［M］. 罗嘉颖，译. 北京：电子工业出版社，2012.

[14] 赵智平. 在抢单路上——用TOC领跑TLS［M］. 北京：电子工业出版社，2015.

[15] 刘建伟. 由"海因里希法则"看企业中出现的质量问题［J］. 机械工业标准化与质量，2004（03）：11-12.

[16] 刘建伟. 由"海因里希法则"看质量问题［J］. 世界标准化与质量管理，2004（04）：24-25.

［17］晓理. 海因里希法则的启示［J］. 秘书工作, 2011（09）: 2.

［18］赵立祥, 刘婷婷. 海因里希事故因果连锁理论模型及其应用［J］. 经济论坛, 2009（09）: 94-95.

［19］游鹏飞, 寇玮华. 浅析墨菲定律及海因里希法则对控制事故的作用［J］. 安全、健康和环境, 2008（08）: 14-15.

［20］谷斐. 浅谈海因里希法则与 PDCA 循环管理模式在工程项目安全管理中的现实意义［J］. 建筑安全, 2015（09）: 14-15.

［21］王建坤. "阿米巴经营"的秘密［J］. 21 世纪商业评论, 2008（01）: 108-109.

［22］刘焕荣. "阿米巴经营"的管理启示［J］. 中国石化, 2013（06）: 42-43.

［23］刘俊勇, 张译中. 京瓷与海尔管理模式比较［J］. 新理财, 2012（04）: 76-78.

［24］王绮. 中国企业管理模式的创新之路——稻盛和夫的"阿米巴经营"vs 张瑞敏的"自主经营体"［J］. 经济师, 2012（02）: 256, 260.

［25］三矢裕, 谷武幸, 加护野忠男. 稻盛和夫的实学: 阿米巴模式［M］. 刘建英, 译. 北京: 东方出版社, 2013.